한 권으로 끝내는 재무제표 읽기

일러두기

1. 본 책에 기재된 정보는 특별한 각주나 표시가 있는 경우를 제외하면 2019년 12월 집필 시점 당시 회사별 재무제표 정보를 참고하였습니다.

2. 일본에서 사용하는 회계 용어는 대체할 수 있는 국내 용어로 다음과 같이 번역하였습니다.

    고정부채 → 비유동부채

    고정자산 → 비유동자산

    고정자산소거손실 → 고정자산처분손실

    기타유가증권평가손익 → 평가손익

    대차대조표 → 재무상태표

    모회사주주에 귀속되는 당기순이익 → 지배주주순이익

    미수소비세 → 미수세금

    비지배주주에 귀속되는 당기순이익 또는 비지배주주에 귀속되는 당기순손실 → 비지배순이익

    순자산 → 자본

    신주예약권 → 주식매수선택권(스톡옵션)

    신주예약권환입이익 → 주식매수선택권환입이익

    외환차손 조정계정 → 외화환산이익

    이연헷지손익 → 이연대출부대손익

    주식교부비 → 주식보상비용

    주주우대충당금 → 미지급충당금

    지분법에 따른 투자손실 → 지분법손실

한 권으로 끝내는
재무제표 읽기

금융가의 방랑자 지음 | 와카루 그림 | 박세미 옮김

시그마북스
Sigma Books

한 권으로 끝내는 재무제표 읽기

발행일 2021년 7월 7일 초판 1쇄 발행
지은이 금융가의 방랑자
그린이 와카루
옮긴이 박세미
발행인 강학경
발행처 시그마북스
마케팅 정제용
에디터 최연정, 장민정, 최윤정
디자인 김문배, 강경희

등록번호 제10-965호
주소 서울특별시 영등포구 양평로 22길 21 선유도코오롱디지털타워 A402호
전자우편 sigmabooks@spress.co.kr
홈페이지 http://www.sigmabooks.co.kr
전화 (02) 2062-5288~9
팩시밀리 (02) 323-4197
ISBN 979-11-91307-51-1 (03320)

[カバー・本文デザイン]柏倉美地(細山田デザイン事務所)
[図版制作]沖元洋平
[校正]鷗来堂、文字工房燦光
[DTP]フォレスト

KAIKEI QUIZ WO TOKU DAKE DE ZAIMU 3 PYO GA WAKARU
SEKAIICHI TANOSHII KESSANSHO NO YOMIKATA
© OTE_WALK 2020
First published in Japan in 2020 by KADOKAWA CORPORATION, Tokyo.
Korean translation rights arranged with KADOKAWA CORPORATION, Tokyo through ENTERS KOREA CO., LTD.

* **시그마북스**는 ㈜**시그마프레스**의 자매회사로 일반 단행본 전문 출판사입니다.

1000
500
₩

재무제표의 매력은
실제 이익과 수수께끼를 푸는 재미, 그 자체!

기업 이미지와 손익계산서 내용은 똑같지 않습니다!

안녕하세요. 이 책의 저자 '금융가(오테초)의 방랑자'입니다(저자의 이름은 일본 경제의 중심지이자 금융 회사들이 밀집한 도쿄의 오테마치(大手町)에서 따왔다-옮긴이).

저는 "누구나 재무제표를 볼 줄 아는 세상을 만들자"라는 캐치프레이즈를 내걸고, 트위터에서 누구나 자유롭게 참가하는 '회계 퀴즈' 이벤트를 진행하고 있습니다. 회계 퀴즈가 널리 알려진 덕분에 지금은 매주 3만 명 넘는 팔로워가 퀴즈에 참여하고 있습니다.

이 책을 손에 집어 든 독자 여러분도 평소 회계나 재무제표와 인연이 있으신가요? 아니면 아무 상관없을 수도 있지요. 하지만 이 책을 읽는 지금 이 순간, 당신이 재무제표에 관심이 있다는 사실은 분명합니다.

재무제표는 일반인에게 널리 공개된 자료이므로 누구나 무료로 볼 수 있습니다. 다만 전문용어와 끝없는 숫자들이 이어지다 보니 배경 지식이 없으면 좀처럼 이해하기 어려운 것도 사실입니다.

 대체 재무제표는 누가 읽는 자료인가요?

처음 재무제표를 보면 대체 이런 자료는 누가 읽는지 궁금할 겁니다. 일일이 설명하기는 어렵지만, 굳이 꼽아보면 다음과 같은 사람들이 재무제표를 확인합니다.

· 투자가

기업의 재무제표를 확인하고 앞으로 성장할지 또는 내리막길을 걸을지 판단하여
투자 여부를 결정하는 자료로 활용합니다.

· 은행원

기업에 융자(돈을 빌려주는 일)를 결정할 때, 돈을 빌려줘도 괜찮을지 판단하는 자료
로 사용합니다.

· 기업의 경영기획 담당자, 대기업의 임원급 등

기업에서 돈의 흐름을 관리하는 회계 부서는 물론, 사업 계획을 작성하기 위해 자사
의 실적을 파악하거나, 기업 매수 시 매수 가격의 가치를 매기는 경영기획 담당자도
재무제표를 확인합니다. 또한 장래를 대비하여 신규 사업 제안을 하는 임원급도 재
무제표를 읽는 능력이 필요합니다. 어쩌면 과장 등 중간관리자가 되었는데, 갑자기
부서별 손익계산을 해달라는 요청을 받고 고민에 빠진 분들도 있겠지요.

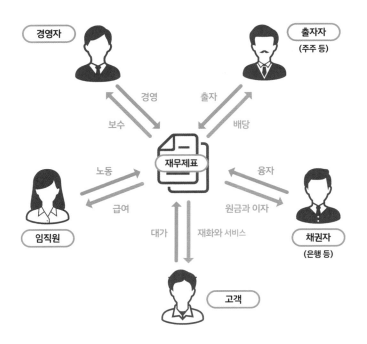

똑똑한 취업준비생들은 재무제표나 IR 정보를 통해 회사의 성장 가능성을 확인하고, 어떤 사업을 준비하고 있는지 분석해서 지망할 기업을 고르기도 합니다. 이렇게 기업분석에서 얻은 정보를 자기소개서에 쓸 수도 있고, 면접관 앞에서 지원 동기를 설득력 있게 전달할 수도 있습니다.

앞에서 소개한 예시를 비롯해서 기업의 경제활동에는 직간접적으로 다양한 사람들이 얽혀 있습니다. 그러다 보니 여러 가지 이해관계가 존재합니다. 이러한 사람들을 이해관계자(Stakeholder)라고도 하는데, 재무제표에는 이해관계자를 위한 정보가 공개되어 있습니다.

왜 재무제표는 어려워 보일까요?

아무런 배경 지식 없이 재무제표에 도전했다가 생각보다 어려워서 좌절했다는 사람들이 많습니다. 비슷한 수준의 입문서만 여러 권 샀다거나, 같은 책을 여러 번 읽어도 대략적인 내용밖에 모르겠다는 이야기를 자주 듣습니다.

이는 아무리 책을 읽어도 내 지식으로 완벽하게 소화하지 못했기 때문입니다.

이해하기 쉽도록 가상으로 만든 재무제표를 바탕으로 구성된 회계 입문서가 시중에 나오기도 합니다. 하지만 존재하지 않는 샘플 재무제표로 공부하는 일은 마치 만난 적도 없는 사람의 이름만 억지로 외우는 것과 비슷합니다. 단어만 외운다한들 오랫동안 기억에 남지 않을뿐더러, 중요한 내용을 확실하게 이해하기는 어렵습니다. 당연히 기업 전략을 분석하는 능력은 전혀 기를 수 없습니다.

재무제표를 읽는 능력을 **빠르게** 키우려면 실제 기업의 재무제표를 분석하는 방법이 가장 효과적입니다(여기서 말하는 '읽는'다는 뜻은 회계적인 분석뿐만 아니라 비즈니스와 연관된 당사자가 기업 전략을 파악하고, 그 내용을 바탕으로 구체적이고 새로운 해결책까지 상상할 수 있는 능력을 말합니다). 물론 이익률이나 부채비율 같은 회계 차원의 분석은 유용하지만, 이러한 수치를 계산하는 작업은 단순한 사실 파악에 그칠 뿐입니다. 재무제표를 읽는 궁극적인 목적은 기업을 분석하고, 결과를 토대로 구체적인 해결책을 이끌어내기 위해서입니다.

　재무제표에 도전할 때 이미 알고 있는 기업이나 관심 있는 회사라면, 한결 내용을 파악하기 쉽고 기억에도 오래 남습니다. 하지만 배경 지식이 없는 상태에서 혼자 재무제표에 뛰어드는 것은 무모합니다. 수수께끼 같은 숫자가 이어지는 벽 앞에서 좌절할 뿐이라는 사실은, 독자 여러분도 이미 잘 알고 있겠지요.

　이 책에서는 저자인 저뿐만 아니라 개성 넘치는 인물들이 나옵니다. 또한 실제 기업의 재무제표를 다양한 각도에서 살펴보면서 기본 지식이 자연스럽게 몸에 밸 수 있도록 구성했습니다.

　그 과정을 가볍게 소개하면, 다음과 같습니다.

도토루와 르누아르의 커피 가격이 다른 이유, 설명할 수 있나요?

회계는 영어, IT 지식과 더불어 '비즈니스 3종 세트'라고도 합니다. 이는 회계가 일상생활뿐만 아니라 비즈니스 전반에서 빼놓을 수 없는 '숫자'를 활용하기 때문입니다. 특히 기업에서 다루는 숫자 측면으로 보면, 대부분 재무제표를 통해 배울 수 있습니다.

　재무제표 분석은 실리적인 면에서 장점이 큽니다. 하지만 진짜 묘미는 따로 있습니다. 기업의 숨겨진 전략을 파악할 때 느끼는 재미, 바로 '수수께끼 풀기'라는 측면에 있습니다.

 회계가 수수께끼라니…, 도대체 무슨 말인가요?

　여기서 문제를 하나 내겠습니다.

　당연한 얘기겠지만, 누구나 한 번쯤은 카페에 가본 적이 있겠지요. 여러분은 카페에 갈 때 '똑같이 커피라는 상품을 파는데 왜 이렇게 가격이 다를까?'라고 궁금했던 적이 있나요? 이미 잘 아시는 분들도 많겠지만 이러한 가격 차이는 기업마다 판매 전략이 다르기 때문입니다.

회사는 꾸준히 이익을 내야 사업을 유지할 수 있습니다. 이때 상품이나 서비스를 어떻게 판매해서 이익을 낼지 고민하게 됩니다. 그렇게 하려면 다른 회사가 기존에 사용한 전략이 얼마나 효과가 있는지 분석하고, 좀 더 효율적인 전략을 짜야 합니다. 하지만 기업 전략은 외부에 드러나는 일이 많지 않습니다. 그러므로 회사마다 숨겨진 전략을 스스로 파악해내는 능력이 필요합니다.

일단 카페 브랜드에 따라 커피 가격이 왜 차이가 나는지, 도토루와 르누아르의 전략이 어떻게 다른지 생각해봅시다.

이번 장에서 다룰 기업

● **도토루·니치레스 홀딩스(DOUTOR·NICHIRES Holdings Co. Ltd.)**
일본의 대표적인 셀프 카페 프랜차이즈인 '도토루 커피'로 유명하다. 매장 수는 2019년 12월 기준 가맹점 918개, 직영점 188개로 일본 카페 프랜차이즈 중 점포 수가 가장 많다.

● **긴자 르누아르(GINZA RENOIR CO., LTD.)**
주요 카페 체인 '킷사 르누아르'가 대표 브랜드로, 도쿄를 포함한 수도권 지역을 중심으로 매장을 운영하며 복고풍 컨셉의 내부 인테리어가 특징이다. 비즈니스나 각종 모임 장소로 활용하는 경우가 많아 그에 맞는 편안한 공간을 제공한다.

도토루의 커피는 한 잔에 약 220엔에서 320엔 전후이며, 르누아르의 커피는 한 잔에 530엔에서 650엔 전후입니다(2019년 12월 기준). 같은 커피인데도 왜 이렇게 2.6배나 되는 가격 차이가 날까요?

도토루·니치레스 홀딩스

220엔~320엔 전후

긴자 르누아르

530엔~650엔 전후

재무제표는 분석의 증거

상품의 재료나 매장 위치 등 생각해볼 요소는 다양합니다. 하지만 실제로 어떤 점이 가격에 큰 영향을 미칠까요? 앉은 자리에서 상상할 수도 있지만, 근거가 없으면 정확한 판단을 내리기가 어렵습니다. 각 요소가 얼마나 가격에 영향을 미치는지 측정하려면 숫자 같은 정량적인 데이터를 분석해야 합니다.

이미 눈치채셨겠지만 기업에서 쏟아지는 숫자 정보를 모은 자료가 바로 재무제표입니다.

재무제표는 기업이 현재 가진 자산이나 부채의 상황, 1년간 매출과 비용에 관한 정보 등을 정리한 자료입니다. 뒤에서 자세하게 다시 다룹니다. 이러한 정보를 읽고 의미를 파악할 수 있다면, 앞서 떠올린 의문을 분석할 때 유용한 증거를 확보할 수 있습니다.

다음은 나오는 재무제표는 도토루와 르누아르의 재무제표입니다. 시험삼아 확인해봅시다. 그렇다고 갑자기 내용을 전부 파악하라는 건 아닙니다. 쓱 훑어보면서 어떤 항목들이 있는지 대충 감을 잡으면 됩니다.

도토루·니치레스 홀딩스_재무상태표(자산)	전기 연결회계연도 (2018년 2월 28일)	(단위: 100만 엔) 당기 연결회계연도 (2019년 2월 28일)
자산		
유동자산		
현금 및 현금성 자산	30,524	32,780
수취어음 및 매출채권	7,680	6,818
상품과 제품	1,795	1,743
재공품	92	105
원재료 및 저장품	2,251	1,553
이연법인세자산	944	904
기타	5,716	5,515
대손충당금	△26	△13
유동자산 합계	48,979	49,407
비유동자산		
유형자산		
건물 및 구축물	46,506	48,626
감가상각 누계액	△23,717	△25,095
건물 및 건축물 (순액)	22,789	23,531
기계장치 및 차량운반구	5,964	6,088
감가상각 누계액	△4,827	△4,964
기계장치 및 차량운반구 (순액)	1,137	1,124
토지	17,883	18,186
리스 자산	6,250	5,971
감가상각 누계액	△2,279	△2,639
리스 자산 (순액)	3,970	3,332
기타	7,532	7,582
감가상각 누계액	△6,002	△6,278
기타 (순액)	1,529	1,303
유형자산 합계	47,312	47,477
무형자산	1,282	958
투자자산 및 기타 비유동자산		
유가증권	707	681
이연법인세자산	1,494	1,464
임차보증금	20,363	20,247
기타	1,863	4,894
투자자산 및 기타 비유동자산 합계	24,429	27,286
비유동자산 합계	73,024	75,723
자산합계	122,003	125,131

• 회사별 2019년도 1분기에 공시한 유가증권보고서를 기초로 작성했으며, 르누아르 재무제표는 단위를 1천 엔에서 100만 엔으로 변경

(단위: 100만 엔)

긴자 르누아르_재무상태표(자산)	전기 연결회계연도 (2018년 3월 31일)	당기 연결회계연도 (2019년 3월 31일)
자산		
유동자산		
현금 및 현금성 자산	2,172	2,045
매출채권	21	96
상품	33	23
기타	296	184
유동자산 합계	2,523	2,349
비유동자산		
유형자산		
건물	3,964	3,624
감가상각 누계액	△2,566	△2,616
건물(순액)	1,127	1,007
설비 및 비품	354	353
감가상각 누계액	△301	△302
설비 및 비품(순액)	53	51
토지	518	518
리스 자산	235	9
감가상각 누계액	△191	△8
리스 자산 (순액)	44	1
기타	2	2
감가상각 누계액	△2	△2
기타 (순액)	0	0
유형자산 합계	1,743	1,577
무형자산		
소프트웨어	12	8
무형자산 합계	12	8
투자자산 및 기타 비유동자산		
유가증권	160	358
장기대여금	73	69
임차보증금	1,888	1,860
장기성 예금	100	100
이연법인세자산	232	262
기타	130	156
투자자산 및 기타 비유동자산 합계	2,583	2,804
비유동자산 합계	4,338	4,390
자산합계	6,861	6,739

(단위: 100만 엔)

도토루·니치레스 홀딩스_재무상태표(부채와 자본)	전기연결회계연도 (2018년 2월 28일)	당기연결회계연도 (2019년 2월 28일)
부채		
유동부채		
매입채무	6,756	5,802
단기차입금	570	470
미지급 법인세 등	2,328	2,092
상여충당금	1,296	1,170
임원상여충당금	83	85
미지급충당금	90	100
그 외	7,044	7,025
유동부채 합계	18,169	16,745
비유동부채		
리스채무	1,024	684
퇴직급여충당부채	2,001	1,939
자산 소거채무	1,528	1,879
그 외	2,321	2,378
비유동부채합계	6,875	6,881
부채 합계	25,045	23,626
자본		
주주자본		
자본금	1,000	1,000
자본잉여금	25,858	25,858
이익잉여금	81,712	86,214
자기주식	△11,854	△11,854
주주자본 합계	96,716	101,218
기타 포괄손익누계액		
기타유가증권평가차액금	116	61
이연대출부대손익	△27	-
환차손조정	114	78
퇴직급여에 따른 조정누계액	△82	△6
기타 포괄이익누계합계액	121	133
비지배주주지분	119	152
자본 합계	96,958	101,504
부채자본 합계	122,003	125,131

긴자 르누아르_재무상태표(부채와 자본)	전기연결회계연도 (2018년 3월 31일)	당기연결회계연도 (2019년 3월 31일)
부채		
유동부채		
매입채무	104	94
단기차입금	80	80
리스 부채	46	1
미지급 법인세 등	163	111
상여충당금	85	88
미지급충당금	18	19
기타	391	332
유동부채 합계	886	725
비유동부채		
리스부채	1	-
임원퇴직위로충당금	80	74
퇴직급여충당부채	143	152
기타	35	35
비유동부채 합계	259	260
부채 합계	1,145	986
자본		
주주자본		
자본금	772	772
자본잉여금	1,062	1,063
이익잉여금	3,937	3,973
자기자본	△119	△114
주주자본 합계	5,651	5,694
기타 포괄손익누계액		
그 외 유가증권평가차액금	22	15
그 외 포괄이익누계합계액	22	15
주식매수선택권	4	4
비지배주주지분	38	41
자본합계	5,716	5,753
부채자본 합계	6,861	6,739

도토루·니치레스 홀딩스_손익계산서	전기연결회계연도 (2018년 2월 28일)	당기연결회계연도 (2019년 2월 28일)
매출액	131,182	129,216
매출원가	53,972	50,849
매출총이익	77,209	78,366
판매비와관리비		
급여 및 수당	23,881	24,614
상여	1,143	1,007
임원상여	83	85
퇴직급여	400	350
임차료	15,055	15,443
수도광열비	3,084	3,244
기타	23,223	23,477
판매비와관리비 합계	66,872	68,223
영업이익	10,336	10,143
영업외수익		
수취이자	31	27
수취배당금	19	14
환차익	–	22
부동산임대료	66	68
기타	86	102
영업외수익 합계	204	234
영업외비용		
지급이자	11	12
환차손	13	-
부동산임차비용	39	43
지분법손실	77	42
지급수수료	19	-
그 외	7	6
영업외비용 합계	170	106
경상이익	10,369	10,271
특별이익(*)		
퇴점보증금수익	175	4
유가증권매각이익	118	-
고정자산매각이익	21	6
특별이익 합계	315	11
특별손실(*)		
비유동자산매각손실	21	29
감원손실	559	874
기타	33	2
특별손실 합계	614	907
법인세비용차감전순이익	10,070	9,375
법인세 등	3,362	3,369
법인세 등 조정액	7	52
법인세 합계	3,369	3,422
당기순이익	6,700	5,953
비지배지분순이익(△)	27	37
지배주주순이익	6,673	5,915

* 한국회계기준에서는 특별이익 및 특별손실을 별도로 처리하지 않고 특별이익은 영업외수익에, 특별손실은 영업외비용에 포함한다-옮긴이

긴자 르누아르_손익계산서	전년도연결회계연도 (2018년 3월 31일)	당기연결회계연도 (2019년 3월 31일)
매출액	7,754	7,968
매출원가	962	941
매출총이익	6,792	7,027
판매비와관리비		
급여 및 수당	2,423	2,445
임차료	1,930	2,004
기타	2,111	2,112
판매비와관리비 합계	6,464	6,561
영업이익	328	465
영업외수익		
수취이자	2	2
배당금	2	3
수취임대료	29	29
수취보험료	3	6
그 외	13	11
영업외수익 합계	49	51
영업외비용		
지급이자	1	1
퇴거 비용	1	0
부동산임대비용	4	4
그 외	6	5
영업외비용 합계	12	10
경상이익	365	506
특별이익(*)		
수취보상금	204	-
수취보험금	44	-
특별이익 합계	248	-
특별손실(*)		
비유동자산 폐기손실	8	8
임원퇴직위로금	37	-
감원손실	246	221
특별손실 합계	290	229
법인세비용차감전순이익	323	277
법인세 등	199	176
법인세 등 조정액	△46	△29
법인세 합계액	152	148
당기순이익	171	129
비지배지분순이익(△)	8	7
지배주주순이익	163	122

* 한국회계기준에서는 특별이익 및 특별손실을 별도로 처리하지 않고 특별이익은 영업외수익에, 특별손실은 영업외비용에 포함한다―옮긴이

도토루와 르누아르의 가격에 차이가 생기는 원인은?

그럼 다시 문제로 돌아가 봅시다. 왜 둘 다 커피류를 파는 비슷한 카페인데도, 커피 가격이 이렇게 다를까요?

도토루와 르누아르는 커피를 주문하는 방법은 물론 점포 설계부터 크게 다릅니다. 우선 도토루는 매장에 들어가자마자 계산대에서 커피를 주문하고 계산을 마친후, 커피를 직접 받아 자리에 앉습니다. 반면에 르누아르는 우선 자리에 앉은 다음 직원을 불러 앉은 자리에서 커피를 주문하고, 매장을 나설 때 계산대에서 정산하는 방식입니다.

● **Place: 어떻게 전달할까?** ....

또한 매장 디자인도 다릅니다. 도토루는 자리에 등받이가 없는 의자를 배치해 테이블 간격을 좁게 설계했지만, 르누아르는 고급스러운 의자를 두고 테이블 사이

공간을 넓게 확보했습니다.

● Product: 무엇을 파는가? ···

도토루·니치레스 홀딩스

머무는 시간이
비교적 짧다

낮은 가격으로
회전율을 높인다

긴자 르누아르

머무는 시간이
비교적 길다

쾌적한 공간을
제공한다

3시간까지 wifi 이용 가능
➡ 회전율 저하

　이렇게 같은 카페지만 운영 방식은 다양합니다. 도토루는 대부분 고객이 잠깐 머무르는 대신, 가게 입장에서는 더욱 많은 고객에게 상품을 판매하는 전략을 쓰고 있습니다. 일반적으로는 이와 같은 방식을 회전율이 높다고 표현합니다.

　반면에 르누아르는 대부분 고객이 오랫동안 머물 것으로 예상하여 쾌적한 공간을 제공합니다. 매장의 의자가 그러하죠. 대신 그 비용을 상품 가격에 포함하는 전략을 택하고 있습니다.

이러한 차이는 재무제표에도 선명하게 나타납니다. 르누아르처럼 가게 공간이나 설비에 돈을 투자하면, 그만큼 비용이 들어갑니다. 그러나 스페셜티 커피를 제외하면, 커피 프랜차이즈 사업에서 커피 원가는 가게마다 큰 차이가 없습니다. 그래서 커피 한 잔당 판매 단가가 높은 르누아르의 원가율은 크게 낮아집니다.

다시 말해 도토루와 르누아르의 커피 원가가 같은 경우, 커피 1잔당 단가가 높은 쪽이 매출에서 상품 원가가 차지하는 비율이 낮습니다.

다음 그림에서 손익계산서(P/L, Profit and loss statement)를 살펴봅시다. 도토루의 원가율은 39%인데 비해, 르누아르의 원가율은 불과 12%입니다. 원가율은 상품의 판매 가격에 따라 달라집니다. 고객에게 어떠한 서비스를 제공하는지 판매 전략에 따라 원가가 차지하는 비중이 변한다는 사실을 알 수 있습니다.

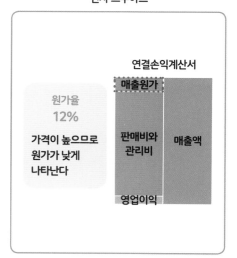

재무제표라는 강력한 숫자를 아군으로 얻으면 조금 더 논리적인 분석을 할 수 있습니다.

　참고로 도토루와 르누아르의 커피 가격이 다른 이유는 앞에서 설명한 것 이외에도 여러 가지가 있습니다. 책 후반부에서 다시 자세하게 설명할 예정이니 마지막까지 재미있게 읽어주세요.

원가율이란?	원가율(%)=매출원가÷매출액×100%
	상품의 판매 가격 대비 원가가 얼마나 들어갔는지 나타내는 지표로, 업종을 가리지 않고 중요하게 사용

재무제표는 잘못이 없다!

여러분은 이제 재무제표의 일부분을 읽을 수 있습니다. 재무제표를 분석할 때 특히 중요한 매출액과 매출원가의 의미, 그리고 두 항목이 어떻게 연관되어 있는지 대략적으로나마 이해가 되셨겠지요.

이처럼 실제 사례를 통해서 재무제표를 살펴보면 점점 내용을 파악할 수 있습니다. 그저 단순한 숫자와 전문용어가 나열된 표처럼 보이던 재무제표가, 실제 사례라는 필터를 거치면 무척 가까운 존재로 느껴질 것입니다.

더 나아가 재무제표를 통해 평소에는 깨닫지 못했던 기업들의 비즈니스 모델은 물론, 각 기업의 강점과 약점, 전략까지도 파악할 수 있습니다. 재무제표에는 그만큼 중요한 정보가 담겨 있지요.

일을 하다 보면 경쟁기업 또는 특정 기업을 분석하거나, 자신이 근무하는 회사의 상황을 객관적으로 파악해야 하는 경우가 많습니다. 하지만 이러한 분석을 처음 해보는 사람들 대부분은 어떻게 분석을 해야 할지 몰라서 고민

하곤 합니다. 이 책에서는 여러분이 가능한 한 즐겁게 재무제표를 읽을 수 있도록 설명하고자 합니다.

쓱, 읽기만 해도 재무제표의 기본은 물론, 비즈니스 관점에서 파악할 수 있도록 돕는 것이 이 책의 목표입니다. 이익률, 유동비율 같은 지표의 의미와 계산법만 익혀서는 재무제표의 진짜 숨겨진 의미를 찾을 수 없습니다.

우리의 진정한 목표는 재무제표 속의 숫자를 눈으로 넘기지 말고, 숨겨진 전략까지 파악하는 것입니다. 살아있는 재무제표를 토대로 기업들의 실제 전략과 수치를 함께 살펴보면, 어느새 목적을 달성할 수 있겠지요.

이 책과 함께하면서 회계에 관심을 갖고, 재무제표를 읽는 즐거움을 깨달으신다면 저자로서는 더할 나위 없이 기쁠 듯합니다. 등장인물들이 주고받는 대화를 읽으면서 다 함께 퀴즈 정답을 생각해보고 재무제표를 빠르게 마스터합시다!

2020년 3월
금융가의 방랑자

차례

Chapter 0   재무제표의 전체 모습은?

Chapter 1   재무상태표란 무엇일까?

Chapter 2   손익계산서란 무엇일까?

Chapter 3   현금흐름표란 무엇일까?

Chapter 4   재무상태표 · 손익계산서의 복합문제를 풀어보자

등장인물 소개

회계곰이 개최하는 회계 퀴즈 스터디에 개성 넘치는 멤버 4명이 찾아왔다. 서로 지식의 깊이도 다르고 회계를 공부하고 싶은 동기도 제각각! 과연 어떤 스터디 모임이 될까?

회계곰(금융가의 방랑자)

트위터나 인스타그램 같은 SNS에서 실제 기업의 재무제표를 소재로 회계 퀴즈를 올리는 수수께끼의 곰이다. 회계와 기업 비즈니스를 연결 지어 분석하는 일을 무척 좋아해서 재미있는 문제를 내고 해설한다.

재경관리사를 준비하는 대학교 3학년

자격증을 목표로 삼고 기업의 IR 정보나 재무제표를 찾아보면서 열심히 공부 중이다. 비즈니스는 잘 모르지만 젊은 세대답게 최신 서비스 트렌드에는 밝다. 다만 감은 상당히 떨어지는 편이다.

대기업의 영업직 대리

공채로 입사한 후 어느 정도 연차가 쌓였다. 현장 경험 덕분에 자사 상품과 업계 지식은 풍부하다. 하지만 경영이나 회계 쪽은 잘 모르는 내용이 많다 보니 공부가 필요하다고 느낀다. 언젠가 관리직으로 일할 날을 꿈꾸며 좀 더 전문적인 지식을 얻고 싶어 한다.

전업 투자자

회계 퀴즈가 화제라는 이야기를 듣고 스터디에 참가했다. 주로 주식으로 생계를 꾸려나가는 전업 투자자이며, 기업의 비즈니스 구조를 가장 잘 이해하면서 다양한 의견을 덧붙이고 요점을 정리하는 듬직한 존재이다.

은행원

공채로 은행에 입사한 후 은행원으로 외길을 걸었다. 참가자 중에서 숫자를 읽는 일에 가장 뛰어나다. 하지만 한층 더 나아가 재무제표와 비즈니스를 연결하고 싶어 스터디에 참가했다. 성실하게 한 우물을 파는 성격이다.

Chapter 0

재무제표의 전체 모습은?

1

재무제표는 왜 필요할까요?

왜 재무제표를 공개할까요?

재무제표를 회계 퀴즈로 살펴보기 전에, 우선 재무제표의 전체적인 모습과 기초적인 지식을 이야기하고자 합니다.

앞장에서는 어떤 사람들이 재무제표를 필요로 하는지 설명했습니다. 기업의 경제활동을 둘러싼 여러 이해관계자가 재무제표의 공개를 요청하는데, 이 부분에 대해서 조금 더 자세하게 살펴봅시다.

한국의 경우 재무제표는 2009년에 국제회계기준을 도입해 '한국채택국제회계기준(K-IFRS)'에 따라 작성합니다. 상장기업과 금융회사는 2009년부터 시작해 2011년부터는 의무 적용하고 있습니다. 비상장기업은 '일반기업회계기준'과 '한국채택국제회계기준' 중 하나를 선택 적용하고 있습니다.

비상장기업은 재무제표를 공개할 의무가 없는 경우가 많지만, 자금을 조달해야 하는 특정한 타이밍에는 투자가가 재무제표를 요청하기도 합니다.

상장기업, 비상장기업	상장기업이란 증권거래소에 주식을 공개하고 누구나 해당 주식을 매수할 수 있는 기업을 말합니다. 한편 비상장기업은 주식을 공개하지 않아서 일반적으로는 주식을 자유롭게 사고팔 수 없는 기업을 뜻합니다.

그럼 대체 왜 재무제표를 공개해야 할까요?

재무제표는 기업의 매출액이나 이익을 확인할 수 있는 자료입니다. 그래서 기업 입장에서 보면 기업 고유의 전략과 사업 방향성이 외부에 알려집니다(실제로 이 책에서 다루는 회계 퀴즈를 통해 기업 전략을 어느 정도 파악할 수 있습니다.).

하지만 재무제표를 공개하지 않으면 많은 이해관계자가 손해를 입을 위험이 있습니다. 예를 들어 여러분이 은행 영업 담당자라고 합시다. 어느 날 신규 법인 고객이 나타나서 갑자기 돈을 빌려달라고 요청한다면, 아무런 신용도 없는데 그 자리에서 돈을 빌려줄 수 있을까요?

 처음 보는 낯선 사람에게 돈을 빌려줄 수는 없죠.

 빌려준 돈이 돌아오지 않으면 큰일이죠. 어떤 사업내용인지, 빌려준 돈을 다시 갚을 여유가 있는 회사인지 검토한 다음에 종합적으로 판단해야겠죠.

그렇습니다. 그러면 이때 여러분이 판단을 내리려면 기업에 어떤 서류를 요청해야 할까요?

친구 사이에 돈을 빌려준다면 모르지만, 기업에 돈을 빌려줄 때는 말로만 확인하는 것으로는 부족합니다. 회사의 사업 현황을 확인할 수 있는 서류나, 매출액처럼 정확한 사실을 파악할 수 있는 근거자료를 확인해야겠지요.

이러한 자료로 재무제표가 특히 유용합니다. 재무제표에 기재된 숫자를 통해서 기업의 영업활동이 어떤 상태에 있는지 파악할 수 있습니다. 자산이 얼마나 있는지? 얼마나 벌었는지? 현금이 얼마나 남아 있는지? 이런 다양한 정보를 말입니다.

그리고 이러한 정보는 돈을 빌려주는 금융기관이나 투자가, 거래처 등 많은 사람이 건전한 거래를 하는 데 필요합니다.

앞서 예를 든 은행처럼 특정 기업에 돈을 빌려주고 나서 돌려받을 수 있을지 확인할 때 재무제표는 중요한 역할을 합니다. 그 외에도 기업 간에 큰 규모의 거래를 할 때는 거래처가 거래 대가를 제대로 지급할만한 여유가 있을지, 거래를 하는 중에 도산하지 않을지 확인(여신관리)하기도 합니다.

재무제표는 기업 경영진이 자사의 경영 상태를 파악하기 위해서도 도움이 됩니다. 회사가 어떤 상태에 있는지 꼼꼼하게 확인하면 좀 더 건전하게 기업을 이끌 수 있습니다.

이처럼 이해관계자뿐만 아니라 경영자에게도 재무제표는 중요한 서류입니다.

재무제표의 신뢰를 담보하는 감사

 하지만 재무제표의 숫자는 거짓으로 조작할 수도 있지 않나요?

물론 기업이 직접 작성하는 서류이니 회사에 유리한 숫자를 쓰지는 않을까 생각할 수도 있지요.

이처럼 조작된 숫자를 공표하는 일은 '분식(紛飾)'이라고 합니다. 종종 유명한 기업에서조차 분식회계(회계장부를 실제보다 보기 좋게 꾸민다는 의미이나, 뜻이 모호하다는 지적에 최근 언론에서는 '회계부정'이라는 단어를 더 많이 쓴다-옮긴이)가 밝혀지기도 합니다. 2015년 일본의 대표적인 기업 도시바에서 분식회계가 발각되어 한동안 언론이 시끄러웠습니다(원가를 축소하여 책정하는 방식으로 7년간 총 2조 원에 달하는 이익이 부풀려져 계상되었으며, 이로 인해 2017년 도쿄증권거래소 1부에서 퇴출된 사건-옮긴이).

이와 같은 분식회계를 방지하기 위해 감사라는 제도가 있습니다. 감사는 회계 및 감사 분야의 전문가인 공인회계사가 제3자 관점에서 해당 기업의 재무제표가 합리적이고 올바른 수치로 작성되었는지 확인하는 작업입니다.

예를 들어 재무제표에 현금이 1억 엔이라고 기재되어 있다고 합시다. 그렇다면 실제로 현금이 1억 엔 있는지 직접 세어보기도 하고, 은행에 잔액 증명을 요청해서 기업이 기재한 수치와 일치하는지 대조합니다. 다양한 감사 작업을 진행하면서 재무제표의 수치가 합리적이고 올바른지 확인합니다.

상장기업은 반드시 감사를 받도록 회사법에 정해져 있습니다. 비상장기업이라도 수익성이 높은 법인이나 증권회사처럼 회사의 신용정보가 중요한 일부 기업은 필수적으로 감사를 받아야 합니다.

이처럼 많은 기업이 감사를 통해 재무제표의 수치가 정확하다는 사실을 보증받아 자료를 공시합니다. 그래서 우리는 재무제표를 신뢰하고 이용할 수 있습니다.

재무제표의 내용은 무엇으로 구성되어 있을까요?

지금까지 어떤 사람들이 재무제표를 읽는지, 재무제표가 왜 필요한지를 살펴보았습니다. 이제 재무제표가 어떠한 서류인지 가볍게 소개하고자 합니다.

재무제표에는 일반적으로 ① 재무상태표(B/S), ② 손익계산서(P/L), ③ 현금흐름표(C/S) 이외에도 ④ 주주자본 등 변동계산서(S/S), 4가지가 있습니다.

재무제표는 결산서라고도 합니다. 그중에서도 ①~③ 재무상태표, 손익계산서, 현금흐름표 정보는 특히 중요해서 재무3표라고도 부릅니다. 이 책에서도 재무3표를 다룹니다.

이러한 서류를 살펴보면 회사가 어떠한 자산을 갖고 있으며 누구로부터 돈을 빌리고 자기 돈이 얼마나 있는지(=재무상태), 올해 얼마만큼 매출을 냈고 매출을 얻기 위해 얼마나 비용을 들였는지, 그리고 어느 정도 이익을 얻었는지(=경영성적) 같은 정보를 확인할 수 있습니다.

기업은 매일 수많은 거래를 합니다. 거래마다 기록하지 않으면 지금 현금이 얼마나 남아 있는지, 총 얼마만큼 비용이 들어갔는지 알 수 없게 됩니다.

그래서 모든 기업은 반드시 거래할 때마다 거래 사실을 기록(=분개)합니다. 분개에는 일정한 규칙이 있는데, 언제/무엇이/어떻게 증감되었는지 알기 쉽게 기재하도록 규칙을 따릅니다. 이러한 분개를 전부 모아 정리한 자료가 재무제표인데, 이는 거래 기록의 집합체라고도 할 수 있습니다. 그러므로 재무제표를 통해 기업의 재무상태

● **재무제표: 매일 일어나는 거래 기록의 집합체**

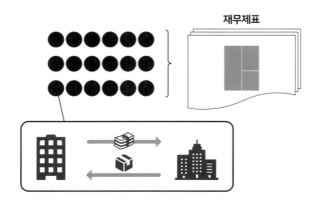

나 경영성적을 파악할 수 있습니다.

　재무제표를 읽으면 재무제표에 반영된 거래를 유추할 수 있으며, 재무제표의 매출액이나 이익이 어떻게 도출되었는지 추측할 수 있습니다. 그리고 기업의 비즈니스와 숫자를 연결해 이해하는 과정에서 논리적인 분석이 가능합니다.

 　그럼 재무제표는 어떤 목적으로 확인하나요?

　여기까지 누가 재무제표를 읽는지, 왜 작성하는지, 어떤 내용으로 이루어져 있는지 전반적인 흐름을 살펴봤습니다. 다시 한번 재무제표를 읽는 사람들의 목적을 이해해봅시다.

재무제표를 읽는 목적 _ ① 기업 내부

앞서 확인했듯이 기업은 매일 엄청난 양의 거래를 합니다. 그렇기 때문에 성과를 확실하게 측정해야 합니다. 그리고 경영자는 성과 결과를 확인하고 나아갈 방향을 생각해 실행해야 합니다.

　재무제표를 통해 파악할 수 있는 정보, 즉 현금이 얼마나 있는지 또는 수개월 후 현금이 될 권리인 매출채권이 얼마나 있는지, 기업의 빚이기도 한 차입금은 얼마나 남았는지는 등 말입니다. 이는 앞으로 기업의 방향성을 고민할 때 고려해야 할 중요한 사항입니다.

재무제표를 읽는 목적 _ ② 은행이나 투자자 관점

은행은 '이자'라는 대가를 받고, 투자가는 '배당금'이나 '주가 상승분' 같은 대가를 기대합니다. 마찬가지로 돈을 빌려주거나 투자할 때는 건넨 돈 이상의 대가를 기대합니다.

한국에서는 누구나 손쉽게 증권계좌를 개설하고 주식투자를 할 수 있는데, 각 기업의 재무제표만 보고 투자 여부를 판단하는 사람도 무척 많습니다. 그 정도로 재무제표는 투자자 관점에서 무척 유용한 정보입니다.

재무제표를 읽는 목적 _ ③기업 간 거래

다른 회사에 제품을 납품한 후 나중에 대금을 회수하는 기업이라면, 대금을 회수 하기도 전에 거래처 기업이 도산하면 대금을 받을 수 없습니다. 이를 대손이라고 합 니다.

이는 비즈니스에서 상당히 큰 위험요소이므로 가능한 피해야 합니다. 그러므로 대손 리스크를 안고 있는 기업인지 미리 확인하기 위해 재무제표를 파악한 후, 거래 여부를 판단하는 기업도 많습니다.

기업의 재정 상황이나 경영성적 등 기업의 안정성과 성장 가능성을 분석할 때도 재무제표는 유용합니다. 그 외에도 목적에 따라 다양한 사람들이 여러 가지 상황에 서 재무제표를 활용합니다.

이제 재무제표가 어떤 것인지 대략적인 윤곽을 파악하셨나요? 다음 장부터는 재무제표를 더욱 자세하게 들여다보겠습니다.

Chapter 1

재무상태표란 무엇일까?

재무상태표란 무엇일까요?

재무상태표만 보고 업종을 판단할 수 있을까요?

앞으로 1장에서는 재무상태표, 2장에서는 손익계산서, 3장에서는 현금흐름표를 살펴볼 예정입니다. 각 장의 첫머리에서는 기본적인 지식을 파악하고, 그다음부터 회계 퀴즈를 풀어보겠습니다. 우선 다음 문제부터 풀어봅시다.

 다음 재무상태표는 어떤 업종일까요?

나름대로 근거를 대서 정답을 생각해보세요. 정답은 1-0장 마지막 쪽에 실었습니다. 10분 정도 걸리니까 조금만 같이 따라오시면 쉽게 답을 찾으실 수 있을 겁니다. 그럼 재무상태표란 과연 무엇일까요?

재무상태표란 간단 그 자체입니다!

회계나 경리 일을 하신다면 자주 들어봤겠지만, 그렇지 않다면 대부분 '재무상태표'가 낯설게 느껴지는 것도 당연합니다. 표를 봐도 무슨 말인지 쉽게 이해하기 어렵지요. 재무상태표에 대해서 최소한으로 알아둬야 할 점을 간단하게 4가지로 정리했습니다. 다음을 봅시다.

① 재산 상황을 알 수 있다

재무상태표는 기업이 보유한 재산(현금이나 건물 등)의 잔액을 기록한 자료입니다. 그러므로 특정 회사에 재산이 얼마나 있는지에 관한 정보를 알 수 있습니다. 예를 들어 대출이 있는 기업의 경우, 아무리 재산을 많이 보유해도 그보다 빚이 많다면 실질적으로 재산은 0입니다.

　이렇게 재산에 관한 정보를 '재정상태'라고 합니다. 그리고 이를 정리한 자료가 재무상태표입니다.

② 재무상태표=B/S

재무상태표는 영어로는 밸런스시트(Balance Sheet)라고 하며, 앞글자를 따서 B/S라고 부릅니다. 실무에서는 재무상태표보다는 B/S를 더 많이 사용하므로 꼭 기억해두세요.

③ 항목에 따라서 좌우 그룹을 나눈다

재무상태표의 왼쪽에는 자산을 정리하고 우측에는 부채와 자본을 정리합니다. 회계용어로는 좌측을 차변, 우측을 대변이라고 부릅니다.

④차변과 대변은 일치한다

자산의 합계금액(좌측의 합계금액)과 부채와 자본의 합계액(우측의 합계금액)은 반드시 일치합니다.

● **재무상태표 구성** ···

　　재무상태표 왼쪽에는 자산, 오른쪽에는 부채와 자본을 기재한다고 이야기했습니다. 이 책에서는 자산은 파란색, 부채는 주황색, 자본은 초록색으로 표시합니다. 실제로는 어떤 내용을 어떻게 기재하는지 살펴봅시다.

a. 어떤 내용을 기재할까요?

- 왼쪽(자산): 자산에는 기업이 보유한 현금이나 건물 등 재산 정보를 기재합니다.
- 오른쪽(부채와 자본): 부채에는 기업의 빚이나 채무 등 타인에게서 빌린 돈에 관한 정보를 기재합니다. 자본에는 경영자가 회사를 설립할 때 투자한 돈이나 회사가

이익을 얻기 위해 획득한 돈의 정보를 기재합니다.

b. 어떻게 기재할까요?

- 경영자가 자기 돈 100만 엔을 넣어서 회사를 설립했다고 합시다.
- 100만 엔만으로는 회사의 장래가 불안해 은행에서 200만 엔을 빌렸습니다.

a와 b 사항을 정리하면 다음과 같고, 이를 도표화하면 〈재무상태표 기재 예시 ①〉 도표와 같습니다.

- 자산에는 현금이 300만 엔(은행으로부터 빌린 돈과 경영자가 회사에 투입한 돈)
- 부채로는 차입금이 200만 엔(은행에서 빌린 돈)
- 자본으로는 자본금이 100만 엔(경영자가 회사에 투입한 돈)

● **재무상태표 기재 예시 ①** ···

이러한 내용을 본 사람은 다음과 같이 생각할 수 있습니다.

'이 회사는 현금 재산이 총 300만 엔인데, 그중 200만 엔은 은행에서 빌린 돈이고, 100만 엔은 대표가 넣은 돈이구나. 그럼 현금 300만 엔 중 200만 엔은 나중에 은행에 상환해야 하니까, 돌려주지 않아도 되는 돈은 경영자가 투자한 100만 엔뿐이구나.'

하지만 현금 300만 엔으로 기업이 건물을 사들였다면, 재무상태표는 〈재무상태표 기재 예시 ②〉 도표처럼 바뀝니다.

● 재무상태표 기재 예시 ②

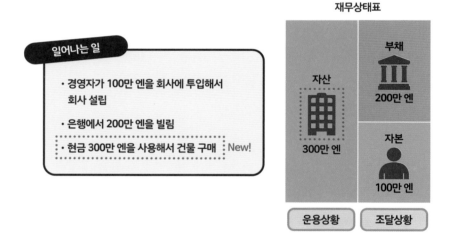

자산 쪽에 있던 현금이 건물로 바뀌었다는 사실을 눈치채셨나요? 이렇게 되면 앞서 했던 생각은 다음처럼 바뀝니다.

'이 회사는 은행에서 200만 엔을 빌리고 경영자가 회사에 100만 엔을 투자한 다음, 총 300만 엔의 돈을 써서 건물을 샀구나(이때 다양한 상황이 발생할 수 있지만, 일단은 간단하게 가정합니다).'

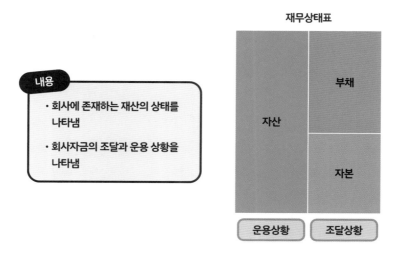

재무상태표는 이처럼 회사에 어떤 자산이 있는지에 대한 재산 상태를 알 수 있습니다. 뿐만 아니라 재산을 누구에게서 어떻게 조달했는지에 대한 조달상황, 그리고 기업의 재산이 어떤 형태로 운용되는지 운용 정보도 파악할 수 있습니다.

그럼 자산, 부채, 자본 각 항목에 대해서 조금 더 자세하게 살펴봅시다.

재무상태표: 자산 계정

자산 계정에는 기업에 자금을 대는 항목을 기재합니다. 자금을 회수하는 기간에 따라 유동자산과 비유동자산, 2가지로 분류해서 재무상태표에 기재합니다. 단기간에 자금을 회수할 수 있으면 유동자산, 장기간에 걸치면 비유동자산으로 구분합니다. 이 책에서는 단기와 장기를 어떻게 나누는지 세부적인 설명은 넘어가도록 하겠습니다. 하지만 일반적으로 1년 이내에 자금을 회수할 수 있다면 유동자산으로 보면 됩니다.

● 운용 측면: 자산 ....

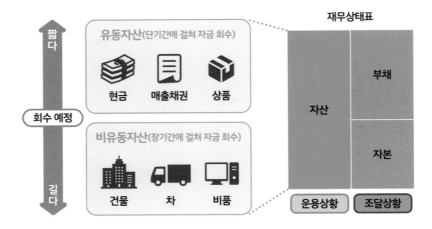

　유동자산에는 자금 그 자체인 현금, 팔면 바로 현금이 되는 상품 또는 제품, 채권 등 단기간에 자금 회수가 가능한 것들이 해당합니다. 한편 비유동자산에는 사무실이나 회사용 자동차, 컴퓨터 같은 비품 등 자금을 회수하기까지 비교적 시간이 걸리는 것들이 포함됩니다.

* 비유동자산은 비유동자산 자체에서 수익이 발생하는 일은 많지 않습니다. 하지만 사무실이

유동자산	1년 이내에 현금화 예정인 물건이나 현금을 대신해서 사용 가능한 것 (예: 현금, 은행 예금, 어음, 제품 등)
비유동자산	유동자산 이외의 자산 (예: 건물, 토지, 보증금 등)
계정과목	거래를 분개하는 과정에서 알기 쉽게 기록하고자 사용하는 분류명의 총칭으로, 가계부로 치면 수입과 지출 항목의 이름

없으면 서류를 보관하거나 직원들이 일하는 작업 공간이 없으므로, 간접적으로 매출을 올리는 데 공헌한다고 볼 수 있습니다. 비유동자산은 장기간 기업 경영을 통해 실질적으로 자금 회수에 공헌하므로 자산으로 기재합니다.

참고로 자산 계정에는 기업에 따라 독특한 계정이 등장하기도 합니다. 예를 들어 항공사로 유명한 일본항공(JAL)이나 전일본공수(ANA)의 재무제표를 살펴보면, 비유동자산에 '항공기'라는 계정과목이 기재되어 있습니다. 항공사이기 때문에 이런 계정과목이 나오는 거겠죠.

기업마다 어떤 자산이 있을지 호기심을 갖고 살펴보면 생각지도 못했던 내용이 나오기도 하니 한번 살펴보세요.

재무상태표: 부채 계정

● **조달 측면: 부채**

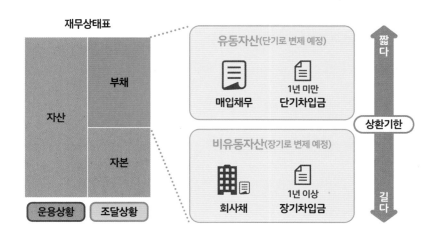

이번에는 재무상태표의 부채를 살펴봅시다.

부채에는 단기 또는 장기에 걸쳐 기업이 갚아야 하는 채무가 기재되어 있습니다. 자산과 마찬가지로 채무의 상환기간에 따라 유동부채와 비유동부채, 2가지로 분류한 다음, 재무상태표에 계상합니다. 상환기간이 짧다면 유동부채, 길면 비유동부채입니다.

유동부채의 세부항목으로는 상품의 매입 대금을 외상으로 지급할 때 발생하는 매입채무, 비유동자산을 구매하면서 대금을 분할 지급할 때 생기는 미지급금이 있습니다. 또 차입금 중에서 상환기한이 1년 이내에 도달하는, 기간이 짧은 단기차입금 등이 있습니다.

비유동부채에는 상환기한이 1년 이상 남은 장기차입금이나 상환기한이 1년 이상 남은 회사채 등을 기재합니다. 이렇게 부채는 상환기한이 1년 이상 남아 있는지가 중요한 판단기준으로 작용합니다.

참고로 상장기업의 부채 계정을 살펴보면 '퇴직급여충당금'이라는 계정이 있습니다. 이 계정은 퇴직금을 지급해야 하는 상황을 대비해 돈을 미리 충당해둔 것입니다. 이를 통해 해당 기업이 퇴직금을 얼마나 지급할 예정인지 예상할 수 있습니다. 궁금한 기업이 있다면 살짝 살펴봐도 재미있겠지요.

유동부채	1년 이내에 지급 예정인 부채 (예: 지급어음, 매입채무, 단기차입금 등)
비유동부채	유동부채 이외의 부채 (예: 장기차입금, 회사채, 퇴직급여충당금 등)

재무상태표: 자본 계정

● 조달 측면: 자본

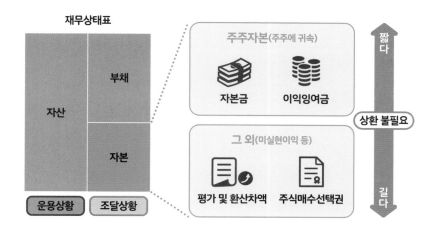

마지막으로 자본을 살펴봅시다. 자본은 앞서 나왔던 부채와는 달리 갚지 않아도 되는 자금을 가리킵니다.

재무상태표의 자본에는 경영자가 회사를 세울 때 투입한 자금인 자본금, 지금까지 창출해서 쌓아놓은 이익의 총액인 이익잉여금 등을 기재합니다. 이들을 합쳐서 주주자본이라고 부릅니다.

자본에는 자산도 부채도 아닌 기타 항목도 기재합니다. 이 책에서는 '주주자본 이외의 항목'이라고 표현합니다. 주주자본 이외의 항목에는 어려운 계정과목명이 많지만, 적당히 넘기면서 읽어도 됩니다.

자본 중에서 특히 중요한 것은 무엇일까요?
정답은 '주주자본'입니다. 이유는 무척 간단합니다. '기업이 실제로 자유롭게 쓸

주주자본	경영자가 회사에 투입한 돈이나 경영활동을 통해 생긴 이익 (예: 자본금, 이익잉여금 등)
주주자본 이외의 항목	자산도 부채도 아닌 항목 (예를 들어 매도가능증권의 평가손익, 외화환산이익 등)

수 있는 돈'이기 때문입니다.

예를 들어 차입금과 비교해봅시다. 차입금은 정해진 기한 내에 갚을 의무가 있습니다. 빌린 만큼 자유롭게 돈을 사용할 수 있지만 상환 시점에는 돌려주기 위한 현금을 갖고 있어야 합니다. 즉 일시적으로는 자유롭게 쓰더라도 상환기한까지 쓴 만큼 돈을 다시 준비해야 한다는 뜻입니다. 반면에 주주자본은 애초에 상환 의무가 없으므로 훨씬 자유롭게 쓸 수 있습니다.

또한 부채의 합계금액이 자산의 합계금액을 초과하는 경우가 있습니다. 이때 자본은 마이너스 값을 기록하는데, 이를 채무초과라고 합니다.

상장기업은 채무초과 상태가 1년 이상 이어지면 상장이 폐지됩니다. 채무초과인 기업은 매우 위험한 상태라는 뜻입니다. 그러므로 자본 계정을 살펴볼 때는 기업이 채무초과 상태에 빠지지 않았는지 반드시 확인해야 합니다.

다만 벤처기업처럼 이제 막 설립된 기업의 경우, 사업을 확대하기 위해 선행투자를 하다가 일시적으로 채무초과 상태에 빠지기도 합니다.

그리고 채무초과와는 대조적으로 지금까지 이익을 쌓아 올린 기업은 자본 비율

연결재무상태표

유동자산	유동부채
	비유동부채
비유동자산	자본

이익잉여금
4,727억 엔

32년간 꾸준히
매출 및 이익이 증가했으며,
재무상태표 70% 이상이
이익잉여금

이 커지는 경향이 있습니다. 예를 들어 다음에 나오는 니토리 홀딩스의 재무상태표를 살펴보면, 자본이 무척 크다는 사실을 알 수 있습니다. 2019년 2월에 발표된 IR 자료를 보면, 니토리 홀딩스의 자기자본비율은 80%를 넘습니다.

이러한 자본 대부분은 과거에 발생한 이익을 쌓아둔 이익잉여금이 차지하고 있습니다. 32년 연속 매출과 이익이 증가하는 엄청난 실적은 앞에 나오는 〈니토리 홀딩스 연결재무상태표와 이익잉여금〉 도표에 잘 나타나 있습니다.

그럼 이제 원래 하려던 걸 할 때가 왔습니다. 이번 장 첫머리에서 나왔던 퀴즈를 기억하시나요? 퀴즈를 풀기 위해 여기까지 이야기를 다 읽었으니 다시 한번 생각해 보세요.

다음 재무상태표는 어떤 업종일까요?

힌트

- 각각 비즈니스마다 어떤 자산이 필요할지 한번 생각해보세요. 필요한 설비, 건물, 상품 재고가 있을지부터 시작해 다양한 요소를 떠올려보는 것이 중요합니다.
- 비유동자산이 크다는 사실에 주목해보세요. 3가지 중 비유동자산이 꼭 필요한 업종은 무엇일까요?

정답은 바로, ③번 철도 업종의 재무상태표입니다. 문제에 나온 그림은 철도가 핵심 사업인 JR동일본(일본 국유철도가 민영화된 기업으로, 도쿄 및 수도권 지역을 중심으로 운행-옮긴이)의 재무상태표입니다. 그렇다면 철도 운영에 필수적인 요소는 어떤 것들이 있을까요? 바로 차량과 선로입니다.

차량이나 선로는 JR동일본의 비유동자산입니다. 따라서 자연스럽게 비유동자산 비중이 커지는데, 다른 기업과 비교하면 상당히 눈에 띄는 부분입니다.

재무상태표라는 글자만 봤을 때는 어려워보여서 도망치고 싶었지만, 막상 뚜껑을 열어보니 의외로 별거 없는 간단한 표라는 생각이 들지 않으시나요? 기업에 어떤 자산이 있고, 그 자산을 어떻게 손에 넣었는지 나타낸 자료라고 생각하면 이해

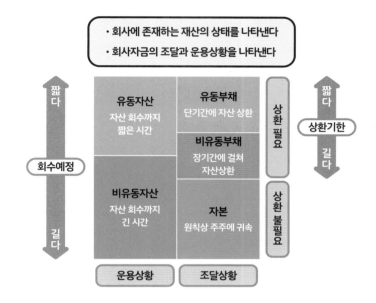

① 재무상태표는 자산, 부채, 자본 3가지로 구성된다.

② 자산에는 향후 기업에 자금을 보태주는 항목을 기재한다.

③ 부채에는 향후 기업이 갚아야 하는 채무 등을 기재한다.

④ 자본에는 상환이 불필요한 돈이나 과거의 이익누적금액을 기재한다.

⑤ 자산 측은 기업의 재산이 어떻게 운용되고 있는지, 부채와 자본 쪽에는 재산을 어떤 수단으로 조달했는지를 나타낸다.

⑥ 자산과 부채는 자금 회수, 자금 상환기간에 따라 유동과 비유동으로 나눌 수 있다.

하기 쉽습니다.

　이제 재무상태표 기본이 끝났습니다. 1-1장부터는 실제 기업의 재무상태표를 바탕으로 만든 회계 퀴즈를 풀면서 비즈니스 모델의 수수께끼를 풀어봅시다.

Chapter 1

1

[중고판매]
중고판매 업계 재무상태표 파악

어떤 자산을 가진 기업인지 생각해보자

우선 생활과 밀접한 곳부터 살펴봅시다. '메루카리'와 '북오프'라는 두 기업의 재무
상태표로 비교문제를 내겠습니다. 두 회사를 비교해보면 자산에 큰 차이가 있다는
사실을 알 수 있는데, 이는 서로 비즈니스 모델이 다르기 때문입니다. 어렵게 생각하
지 말고 우선 문제를 살펴봅시다!

 메루카리의 재무상태표는 다음 중 어느 것일까요?

● **메루카리(Mercari)**

개인 간 중고 상품 거래를 할 수 있는 앱 서비스를 제공하고 운영한다. 앱 내에서 사용하는 전자화폐도 도입 중이다 (한국의 중고나라나 당근마켓과 유사하나 직거래를 선호하지 않는 일본 특성상 비실명·택배 거래를 원칙으로 하며 결제 시 거래 수수료를 받는다-옮긴이).

● **북오프 그룹 홀딩스(BookOff Group Holdings)**

기존 서점에서는 터부시했던 '구매 전에 미리 읽을 수 있는 서점'으로 점유율을 확대했다. 중고 서적 이외의 잡화를 다루는 중고 상품 거래 사업도 진행 중이다.

 먼저 회계 퀴즈부터 도전해봅시다! ①번과 ②번, 어느 쪽이 메루카리의 재무 상태표일까요? 이유도 같이 생각해보세요.

 그냥 딱 보면⋯, ②번이 메루카리가 아닐까요? 그런 느낌이 들어요. IT 기업 은 비유동자산이 적을 것 같아서요. 컴퓨터만 있으면 일할 수 있잖아요.

 대단하네요, 그런 부분부터 살펴보다니. 저는 ①번과 ②번을 비교해보니 ② 번이 압도적으로 유동자산이 크다는 사실이 눈에 띄었어요.

 저도 ②번 같은데요. 북오프는 재고도 많고 창고도 있을 텐데, 전부 비유동 자산이 크게 늘어나는 원인이니까요.

 모두 ②번이 많은 것 같네요? 그럼 왜 그렇게 생각하는지 좀 더 이유를 살펴 봅시다.

유동자산 보고 생각하기

 아까 영업 담당이 말한 유동자산이라는 게 아직도 무슨 말인지 잘 모르겠어 요. 잘 상상이 되지 않네요⋯.

유동자산을 크게 나눠보면 현금, 매출채권, 재고자산(상품)이 중심이에요. 메루카리의 유동자산에는 어떤 것들이 포함될까요? 아직 메루카리를 이용해 본 적이 없어서 잘 모르겠네요.

메루카리는 개인끼리 자기가 팔고 싶은 물건을 앱에 올릴 수 있어요. 이때 내놓는 상품은 재무상태표에 포함되는 걸까요?

아니요, 물건을 올리기는 하는데 상품은 어디까지나 사용자 소유지 메루카리 소유는 아니잖아요. 그러니까 메루카리의 자산에는 포함되지 않겠죠.

메루카리는 기본적으로 사용자끼리 거래할 수 있는 장소를 제공하고 수수료를 받는 비즈니스란 말이잖아요? 그럼 북오프는 재고로 쌓아 둔 책도 많으니 유동자산이 많은 것은 아닐까 싶은데, ②번이 북오프일 가능성은 없을까요?

비유동자산 보고 생각하기

그런데 아까 맨 처음에 'IT 기업은 비유동자산이 적다'라고 했어요. 북오프는 전국에 매장이 있지만 메루카리는 모든 과정이 온라인에서 끝나니까, 실제 매장이 없다는 말이잖아요?

그렇지요. 컴퓨터만 있으면 된다고 할 정도로 적은 자산으로 매출을 높일 수 있는 점이 IT 기업의 특징이에요.

대형 자산이 없어도 매출을 높일 수 있다면 애초에 재무상태표가 작겠네요. 상대적으로 유동자산이 크게 보이는 걸까요?

좋아, 역시 ②번 메루카리!

네! 정답은 ②번 메루카리입니다.

북오프 그룹 홀딩스

메루카리

정답은 ②번 메루카리 →

자산 차이에 주목하자

문제를 풀어보니 어땠나요? 메루카리는 설비투자가 거의 필요 없는 사업인데, 메루카리 비즈니스 모델에 그 이유가 있습니다.

● 메루카리 비즈니스 모델 ·····

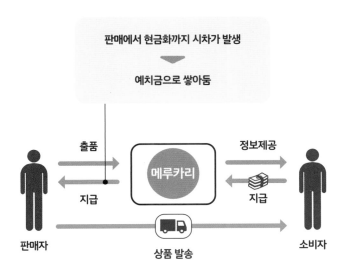

메루카리를 통해 사용자가 상품을 판매하면, 판매 금액(=매출액)이 메루카리 앱에 포인트로 쌓입니다. 이때 수수료를 내고 판매자 계좌에 입금(현금화)할 수도 있고, 메루카리에서 다른 상품을 살 때 사용할 수도 있습니다.

현금화를 할 때 입금 수수료가 들기 때문에 메루카리 사용자는 매번 입금하기보다 어느 정도 금액이 쌓였을 때 입금 신청을 합니다. 이때 물건이 팔린 시점부터 계좌로 입금될 때까지 사용자가 예치해둔 금액이 발생하므로, 메루카리 내에 현금이 쌓이기 쉬운 비즈니스 모델입니다. 실제로 메루카리 재무상태표를 살펴보면, 현금 및 예금과 예치금이 많다는 사실을 알 수 있습니다.

● **메루카리 연결재무상태표**

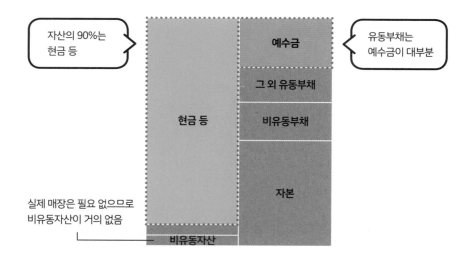

● 메루카리 실제 재무상태표

(단위: 100만엔)

	당기 연결회계연도 (2019년 6월 30일)
자산 계정	
유동자산	
현금 및 예금	125,578
매출채권	1,341
유가증권	5,196
미수입금	14,176
선급비용	913
예치금	5,383
그 외	319
대손충당금	△1,094
유동자산 합계	151,813
비유동자산	
유형자산	※ 1,883
무형비유동자산	
영업권	1,022
그 외	58
무형비유동자산합계	1,081
투자 기타 자산	
유가증권	533
보증금	2,020
이연세금자산	1,825
차입보증금	4,526
기타	0
투자 기타 자산합계	8,907
비유동자산합계	11,871
자산합계	163,685
부채 계정	
유동부채	
단기차입금	-
1년 이내 상환 예정인 장기차입금	1,261
미지급금	7,281
미지급비용	1,081
미지급법인세 등	1,687
예치금	45,818

실제 매장이 필요한 비즈니스의 특징은?

다음은 북오프 재무상태표를 자세히 살펴봅시다. 북오프는 실제 매장이 있으므로 비유동자산이나 책과 같은 상품이 자산 대부분을 차지하고 있다는 사실을 알 수 있습니다.

〈북오프 비즈니스와 연결재무상태표〉 도표에서 보듯이 상품이란 매장에 있는 책을 가리킵니다. 유형자산은 점포나 상품을 보관하는 창고, 차입보증금은 보증금 등이 해당합니다. 이러한 사항을 정리하면 두 회사의 차이는 명확합니다.

둘 다 중고판매와 관련된 회사지만 비즈니스 모델은 매우 다릅니다. 극단적으로 말하면 북오프는 소매업이고, 메루카리는 IT입니다. 퀴즈에서 학생이 지적한 것처럼 IT업계는 기본적으로 메루카리처럼 비유동자산이 적은 편입니다(설비투자가 적음). 이는 자주 있는 사례이므로 기억해두면 유용합니다.

언뜻 똑같은 비즈니스처럼 보이는 기업들이지만, 사업 형태에 따라서 각기 필요

● **비즈니스와 연결재무상태표**

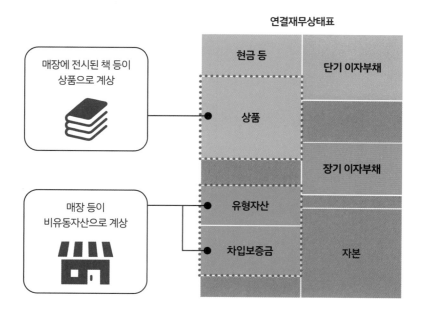

북오프

메루카리

매입 판매
- 상품을 매입해서 판매한다
- 재고 리스크가 있다
- 상품이 자산으로 잡힌다

플랫폼
- 플랫폼 이용자로부터 수수료를 받는다
- 재고 리스크가 없다

실제 판매 중심
- 매장을 만들 필요가 있다
- 매장이 비유동자산으로 잡힌다

인터넷 판매 중심
- 인터넷 환경만 있으면 비즈니스가 가능하다
- 비유동자산이 필요 없다

한 자산 종류가 다릅니다. 일상 속에서는 쉽게 파악하기 어렵겠지만, 각 회사가 어떤 자산을 가졌는지 생각해보면 좋은 힌트를 얻을 수 있습니다. 또한 회사마다 사업을 운영하기 위해서 어떠한 것들이 필요한지 생각하면서 재무상태표를 살펴보면 보는 시각이 달라질지도 모릅니다.

IT업계는 비유동자산이 적다??

IT기업은 컴퓨터만 있다면 일을 할 수 있으므로 비유동자산은 적은 경향이 있으며, 반대로 물건을 만들기 위해 설비가 필요한 제조업 같은 업종은 비유동자산이 상대적으로 크게 나타남.

2

[소매]
소매업계 비즈니스 모델 비교

비즈니스 모델이 똑같은데, 재무상태표 차이는 왜 생길까?

이번에는 주변에서 쉽게 볼 수 있는 회사 3곳을 다룹니다. 가구를 판매하는 '니토리', 의류 브랜드 '패스트리테일링(유니클로 등을 운영)', 심플한 잡화를 다루는 '양품계획(무인양품 등을 운영)'입니다. 세 회사는 직접 기획에서 제조·판매까지 전부 도맡는 SPA 모델을 채용한 회사로, 비즈니스 모델이 같습니다. 이렇게 비즈니스 모델이 같은데, 어째서 재무상태표 형태가 다른지에 대해 살펴보고자 합니다.

Q 니토리의 재무상태표는 어느 것일까요?

이번 장에서 다룰 기업 ··

● **니토리 홀딩스(Nitori Holdings)**

업계에서도 드문 제조 및 소매업(SPA)을 도입하여 가구 소매업계의 큰손이 되었다(일본의 대형 가구 및 잡화업체로 한국의 한샘 등과 유사하다-옮긴이).

● **패스트리테일링(Fast Retailing)**

의류 소매업의 최강자로 유니클로, GU 등 브랜드를 운영 중이다.

● **양품계획(Ryohin keikaku)**

무인양품, MUJI 브랜드의 가구나 의류, 잡화 등을 판매 중이다.

 세 회사는 광고를 적극적으로 하고 있어요. 국내뿐만 아니라 해외에서도 매장을 운영 중이지요. 똑같이 제조부터 소매까지 담당하는 SPA 업체지만, 그 중에서 니토리의 재무상태표는 몇 번일지 맞춰 봅시다.

기업에 대한 배경 지식 통해 생각하기

 같은 소매업종이라도 파는 상품이 서로 다르다 보니 완전히 형태가 다르네요.

 정말 그러네요. 니토리는 가구, 패스트리테일링은 의류, 양품계획은 잡화나 의류, 식품 같은 생활과 밀접한 소모품이 많죠.

 참고로 얼마 전에 취업 준비 때문에 니토리 기업설명회에 갔다 왔는데, 우량 기업이라고 하더라고요.

 맞아요, 32년간 계속해서 매출도 수익도 늘어났다고 하던데요.

 그렇다면 과거 이익을 많이 쌓아두고 있을 것 같은데….

어라, 엄청나게 큰 힌트 아닌가요? 그렇다면 자본이 큰 ②번이나 ③번이 니토리겠네요.

 그렇네요. 하지만 모두 자본이 같은 비율이니까 결정적인 힌트는 아닐 것 같아요.

 여러분은 먼저 니토리가 매출과 이익이 동시에 늘어난다는 배경 지식을 바탕으로 재무상태표를 보고 있군요. 그럼 ②번과 ③번의 차이는 어디에 있다고 생각하나요? 각 기업의 상품 특징을 통해서 생각해보면 어떨까요?

비유동자산 통해 생각하기

 ②번과 ③번은 비유동자산의 크기가 다르네요.

 세 회사 모두 실제 매장과 온라인 판매를 둘 다 하고 있어요. 비교해보면 점포 수가 제일 많은 건 패스트리테일링이겠죠? 매장이 많다면 비유동자산도 커지지 않을까 싶은데요. 그래서 ②번이 패스트리테일링 같아요.

 매장 숫자는 패스트리테일링이 압도적으로 많겠죠. 저는 니토리에서 파는 상품이 가구라는 사실이 마음에 걸려요. 그건 판매 면적이 커야 하니까요.

 니토리는 교외지만 차로 접근하기 쉬운 곳에 대형 매장을 운영하는데, 유니클로나 무인양품은 쇼핑센터 같은 건물 안에 임대 형식으로 운영하는 사례를 많이 봐요. 하지만 임대료를 생각해보면 아무리 매장 면적이 넓어도 도심에 매장이 많은 쪽이 비유동자산이 큰 게 아닐까 싶기도 하고요.

 매장도 그렇지만 창고도 생각해봐야 할 것 같아요. 유니클로나 무인양품은 창고가 있기는 하지만 매장 안에 재고가 많잖아요. 하지만 니토리는 매장 안에 있는 물건들 대부분이 전시품이고, 실제 재고는 다른 장소에 있죠?

듣고 보니 그러네요. 게다가 니토리는 큰 가구들을 자사에서 직접 제조하고 있다고 들었어요. 그렇게 되면 매장, 창고, 공장 모두 큰 규모여야겠죠.

 어라? 같은 SPA 모델을 채택한 기업인데 패스트리테일링과 양품계획은 자사에서 직접 제조하지 않나요?

 아마 니토리만 자사 공장이 있을 거예요. 의류는 국내외에 제조공장이 많이 있으니, 직접 공장을 운영할 필요는 별로 없겠죠.

 그럼 자본이 많고 비유동자산도 큰 ②번이 니토리겠네요!

 정답! ②번이 니토리입니다.

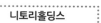

정답은 ②번
니토리 홀딩스

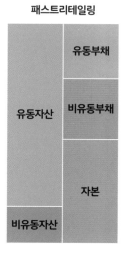

 이 시기(2019년)에 패스트리테일링은 차입을 해서 현금이 많은 상태네요.

 그렇습니다. 패스트리테일링은 유동자산이 많고 비유동자산이 적습니다. 아까 본 메루카리 정도는 아니지만, 언뜻 보면 IT기업과 유사한 재무상태표 모양이네요.

니토리는 교외 지역에 많은 매장이 있고, 가구라는 상품 특징 때문에 점포당 매장 면적이 넓습니다. 고객이 가구를 살 때는 매장에 전시된 제품을 보기만 할 뿐, 빈손으로 쇼핑할 수 있다는 점이 특징입니다. 니토리는 고객이 구매한 상품을 집까지 배달하는 물류 시스템까지 갖추고 있습니다.

세 회사 중에서 공장과 물류설비를 갖춘 곳은 니토리뿐이며, 패스트리테일링과 양품계획은 제휴 기업을 중심으로 운영됩니다. 니토리 홀딩스는 공장과 물류 설비가 있으므로 설비에 해당하는 비유동자산이 매우 크다는 게 특징입니다.

● **니토리 홀딩스 비유동자산 내역과 연결재무상태표**

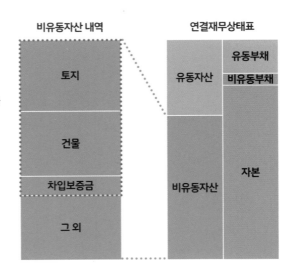

처음에 ②번과 ③번으로 좁히는 결정적 힌트가 된 자본을 살펴보면, 32년간 꾸준히 매출과 이익이 증가하면서 자본(이월이익잉여금)이 무척 크다는 사실을 알 수 있습니다.

● 니토리 홀딩스 연결재무상태표와 이익잉여금 ···

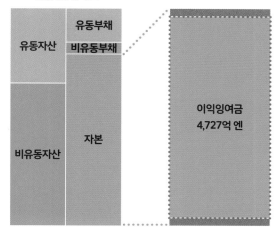

연결재무상태표

유동자산 / 유동부채 / 비유동부채 / 비유동자산 / 자본 / 이익잉여금 4,727억 엔

32년간 꾸준히 매출 및 이익이 증가했으며, 재무상태표 70% 이상이 이익잉여금

보충 설명을 하자면, 패스트리테일링은 향후 사업 확대를 대비해 최근 계속해서 많은 금액의 자금조달을 하고 있습니다. 그 결과 현금 보유량이 늘어서 유동자산이 무척 크게 나타났습니다(2019년 8월 결산 당시).

Column
1

재무제표를 통해 기업 임원의
급여를 알 수 있다?

재무제표를 통해서 기업 전략뿐만 아니라 회사별 급여도 추정할 수 있습니다.

① 임원 보수

임원의 보수를 파악하려면 사업보고서 등에서 'VIII. 임원 및 직원 등에 관한 사항'에 관련 내용이 기재되어 있습니다. 여기에서 이사·감사 전체의 보수 현황 및 지급금액을 알 수 있습니다. 또한 보수지급기준과 개인별 지급금액, 산정기준 및 방법, 재직기간 및 임기 만료일도 기재되어 있습니다.

② 직원의 급여

직원 급여도 재무제표로 파악할 수 있는데, 손익계산서에 급여가 기재되어 있습니다. 그러나 이는 임직원에게 지급한 급여의 총액입니다. 더 자세한 내용은 'VIII. 임원 및 직원 등에 관한 사항'에서 확인할 수 있습니다.

이처럼 재무제표 관련 보고서를 사용하면 좀 더 많은 정보를 알 수 있습니다. 여러분도 기업에 대해서 알아볼 때는 재무제표뿐만 아니라 다양한 정보를 활용해보세요. 속해 있는 곳을 좀 더 새롭게 볼 수 있을 겁니다.

memo

[은행]
은행 비즈니스 모델 비교

같은 은행인데 재무상태표 내용은 전혀 다르다고!?

이제 회계 퀴즈에 어느 정도 익숙해지셨나요? 세 번째 문제이니 여기서부터는 재무상태표에 대해서 조금 더 자세하게 알아봅시다.

이번에 등장하는 기업은 금융기관 3곳입니다. ① 같은 은행이라도 재무상태표의 형태가 다르다는 점, ② 은행의 재무상태표는 형태가 독특하다는 점, 2가지가 이번 문제의 핵심입니다. 그럼 살펴볼까요?

 세븐은행의 재무상태표는 어느 것일까요?

①
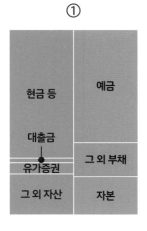

②

③

● **미쓰비시UFJ은행**(Mitsubishi UFJ bank)

일본 제1금융권에 해당하는 대형 금융기관이다.

● **스루가은행**(Suruga Bank)

일본 시즈오카, 가나가와를 기반으로 하는 지역 은행으로, 대출 업무가 주력 사업이다.

● **세븐은행**(Seven Bank)

세븐아이 계열의 은행으로 일본 전국 세븐일레븐 편의점에 ATM을 설치해, 영업망을 단번에 확보했다. 제휴 은행을 통해 현금 입출금 등의 서비스를 제공하는 것이 핵심 사업이다.

은행 재무상태표는 모양이 다르다

 이게 정말 재무상태표인가요? 아까 첫 번째, 두 번째 문제와는 완전히 다른 모양이네요.

 내용도 그렇고, 계정과목이 좀 더 자세한데⋯. 유동자산도 비유동자산도 없네요. 그러고 보니 예금이라는 항목이 있는데요?

 사소한 질문이긴 한데, 애초에 예금은 자산이 아닌가요? 이게 오른쪽에 있다는 건 부채 취급이라는 말이네요?

 예금은 일반 기업이 보기에는 자산이지만, 은행 입장에서는 '고객이 계좌에서 인출하면 다시 돌려줘야 하는 돈'이라서 부채 성격을 갖습니다. 그래서 오른쪽에 예금이 있죠.

 그렇다면 재무상태표의 형태는 달라도 생각하는 방식은 다른 기업과 마찬가지겠네요.

자산 측면에서 생각해보기

 그럼 다들 몇 번이 세븐은행의 재무상태표라고 생각하나요?

 큰 틀에서 보면⋯. ①번은 현금 등이 크고, ②번은 대출금이 크고, ③번은 각 항목이 균형 잡힌 것 같네요.

 처음에는 가장 현금이 많은 미쓰비시UFJ가 ①번일 거라고 생각했어요. 고객도 많고 ATM을 가동하려면 현금이 필요하지 않을까요.

 아, 그럴지도요. 하지만 재무상태표만 보면 ①번은 대출금이 전혀 없어요. 대출금이 없다는 사실은 애초에 돈을 빌려주지 않는 비즈니스인 건 아닐까요. 미쓰비시UFJ은행은 당연히 대출 업무도 하고 있으니까, ①번으로 보기는 힘들 것 같네요.

 그렇군요. 그럼 반대로 ②번이나 ③번은 대출금이 꽤 있으니까 대출 업무도 하고 있다는 이야기네요.

 대출이라⋯. 예를 들어 지방 중심 은행과 전국 규모 은행을 비교해보면, 지방은행일수록 대출 업무가 중요하죠? 지방은행은 해당 지역에 있는 중소기업에 융자하는 식으로 은행을 꾸려간다고 하는데⋯.

 그렇네요. 반면에 전국 규모의 은행은 세계적으로 진출도 하고, 여러 가지 수익원을 갖고 있으니 재무상태표가 균형 있게 유지되지 않을까 싶어요.

부채 측면에서 생각해보기

 투자가가 말씀하신 대로 전국 규모의 은행은 다양한 비즈니스를 하고 있습니다. 그렇게 되면 ③번이 미쓰비시UFJ은행이 아닐까 싶어요. ①번은 출자금이 없으니까 금융 업무를 하는 미쓰비시UFJ에는 해당되지 않을 거고, ②번도 미쓰비시UFJ라 하기에는 사업이 너무 한쪽에 쏠려 있거든요.

 그럼 ①번이나 ②번이 세븐은행일 가능성이 크네요.

 부채 측면에서 보면 말이죠, ②번은 거의 예금으로만 자금조달을 하고 있어요. 뒤집어서 생각하면 그것만으로도 충분할 정도로 규모가 큰 비즈니스라는 말이겠네요.

 그렇구나….

①번과 ②번의 비즈니스 모델 차이 생각해보기

 그럼 다시 이야기로 돌아와서, ①번이나 ②번이 세븐은행이라고 하죠. 그렇다면, ①번과 ②번도 재무상태표 모양이 크게 다른데요.

 ①번은 융자업무를 거의 하지 않고 현금이 압도적으로 많아요. ②번은 융자업무가 주 사업인 은행이라는 이야기네요.

 지방은행은 융자가 주 업무니까, ②번이 스루가은행일까요?

 그럼 ①번이 세븐은행이겠네요!

 네, 맞습니다. ①번이 정답!

이번에는 '재무상태표의 내용을 살펴보고 어떤 사업을 하고 있는지 파악할 수 있는지'가 핵심이었습니다. 대화에서도 나왔지만, 은행의 재무상태표는 표시 방식이 일반 기업과는 다릅니다.

예금 및 대여금은 무엇인가?

사업을 운영하는 회사라면 보통 예금은 현금과 마찬가지로 자산입니다. 하지만 은행 시각에서 본다면 어떨까요? 어디까지나 다른 사람이 맡긴 돈이기에 돌려줘야 할 의무가 있습니다. 그래서 예금은 부채에 들어갑니다.

한편 대출금은 돈을 빌리는 측인 기업으로서는 갚을 의무가 있으므로 일반적으로는 부채에 해당합니다. 하지만 이것도 예금과 마찬가지로, 돈을 빌려주는 측인 은행으로서는 '타인에게 빌려준 돈이며, 장래에 되돌아올 돈'이므로 자산으로 계상합니다.

은행의 3대 업무와 제4의 업무

은행의 주요 업무는 3가지입니다.

● **은행의 3대 업무** ·····

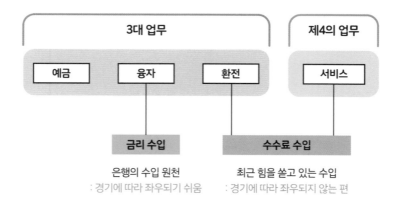

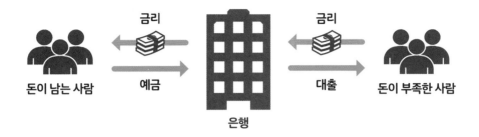

- 고객이 맡긴 자금인 예금
- 고객이 맡긴 예금을 바탕으로 자금을 필요로 하는 고객에게 빌려주는 융자
- 고객의 요청에 따라 다른 계좌나 해외에 송금하고, 고객 대신 수표나 수표 대금을 수취하는 환전

이러한 일을 은행의 3대 업무라고 부릅니다. 여기에 부과되는 수수료는 은행의 중요한 수입원입니다. 최근에는 제4의 업무라고 불리는 '서비스'가 있습니다.

전통적인 은행 비즈니스 모델은 고객이 맡긴 돈을 예금 금리보다 높은 대출금리를 받고 다른 사람에게 빌려주는 것이 기본이었습니다. 결국 은행의 주요 수입원은 자금조달 비용과 운용비용의 이자 차이로 이익을 내는 대출 업무인 것입니다.

지방은행의 경우 중소기업에 대한 융자나 일반인을 대상으로 하는 주택담보대출이 많으므로 대출 업무가 핵심 사업입니다. 〈스루가은행: 대출이 주요 수입원〉 도표를 봐도 예금만으로 대부분의 대출금을 충당하고 있습니다. 이를 전국 규모의 은행과 비교해보면 사업의 규모가 다르다는 사실을 파악할 수 있습니다.

도표 〈미쓰비시UFJ은행: 다양한 수입원〉을 봅시다. 지방은행과 비교해보면 전국 규모의 은행인 미쓰비시UFJ은행은 자산 항목과 수익 항목이 다양하게 분포되어 있

● 스루가은행: 대출이 주요 수입원

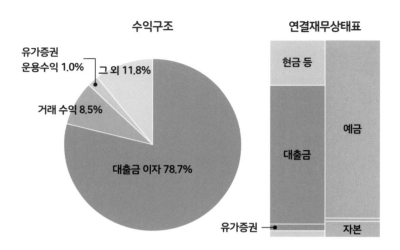

수익구조

유가증권
운용수익 1.0%
그 외 11.8%
거래 수익 8.5%
대출금 이자 78.7%

연결재무상태표

현금 등
대출금
예금
유가증권
자본

● 미쓰비시UFJ은행: 다양한 수입원

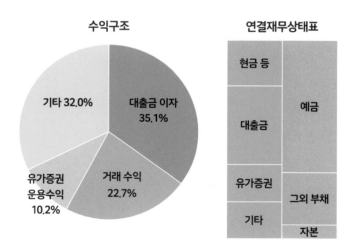

수익구조

기타 32.0%
대출금 이자
35.1%
유가증권
운용수익
10.2%
거래 수익
22.7%

연결재무상태표

현금 등
대출금
예금
유가증권
그외 부채
기타
자본

습니다.

수익을 살펴보면, 전체의 35.1%를 차지하는 대출금 이자는 중요한 수익으로 꼽힙니다. 하지만 거래 수익도 22.7%나 되어서 환전 업무를 통해 돈을 벌고 있다는 사실도 확인할 수 있습니다.

여기에 대출 업무와 유가증권을 운용하거나 인수·합병에 따른 자문 등도 합니다. 그만큼 재무상태표에 표시된 자산이 다양한 분야에 걸쳐져 있는 것입니다. 한편 재무상태표의 부채도 고객의 예금만으로는 이러한 업무에 필요한 자금이 부족합니다. 다른 수단으로 자금을 조달한다는 점에서 지방은행인 스루가은행과 비교하면, 예금 비율이 낮습니다. 그러므로 그 외 부채가 일정 수준 포함되어 있습니다.

ATM에서 돈을 버는 세븐은행

세븐은행은 ATM을 주력 비즈니스로 삼고 있습니다.

 그러고 보니 세븐은행 ATM은 많이 봤지만, 실제 점포는 전혀 본 적이 없어요.

 ATM이 없으면 비즈니스 자체가 불가능하다 보니 그만큼 비유동자산이 늘어나겠지요.

 세븐은행은 애초에 어디서 돈을 벌까요? 우리가 내는 ATM 수수료는 세븐은행과 입금 은행 중, 어느 쪽의 수익일까요?

세븐은행은 고객이 이용할 때 지급하는 ATM 수수료보다, 제휴한 금융기관이 지급하는 수수료로 돈을 버는 구조입니다. BtoC(기업 대 소비자)가 아니라 BtoB(기업 대 기업)로 수익을 내는 비즈니스 모델입니다.

● 세븐은행 비즈니스 모델 ①

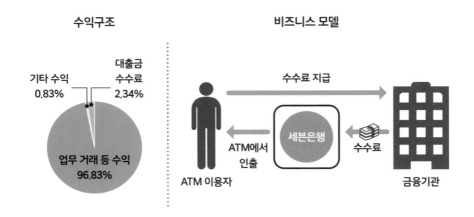

수익구조

기타 수익
0.83%

대출금
수수료
2.34%

업무 거래 등 수익
96.83%

비즈니스 모델

수수료 지급

세븐은행

ATM에서
인출

수수료

ATM 이용자

금융기관

• 현금 결제 비중이 점점 작아지는 한국에 비해 일본은 70% 이상이 현금을 사용하고 있다. 그래서 일본에서는 계좌 잔액을 현금으로 찾는 ATM 서비스 수요가 매우 높은 편이다—옮긴이

● 세븐은행 연결재무상태표

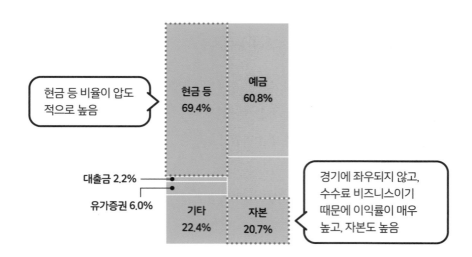

현금 등 비율이 압도
적으로 높음

현금 등
69.4%

예금
60.8%

대출금 2.2%

유가증권 6.0%

기타
22.4%

자본
20.7%

경기에 좌우되지 않고,
수수료 비즈니스이기
때문에 이익률이 매우
높고, 자본도 높음

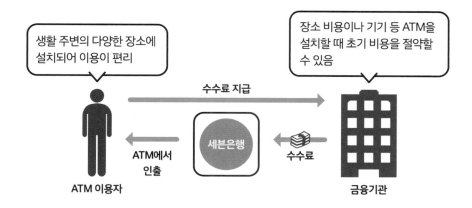

ATM 비즈니스는 경기 영향을 크게 받지 않고, 현금과 ATM 기계만 있으면 돈을 벌 수 있습니다. 그러므로 융자업무에 비해 높은 이익률을 유지할 수 있다는 점이 특징입니다.

만일 ATM 사업으로 돈을 벌고자 한다면 기계를 설치할 장소를 마련하는 일이 가장 어려운 부분입니다. 여러 장소에 ATM 기계를 설치해야 하기 때문입니다. 하지만 세븐일레븐은 국내 최대 규모의 편의점이기 때문에 이미 전국에 점포를 갖추고 있습니다. ATM 설치에 들어가는 초기 비용을 대폭 절약할 수 있다는 점이 다른 은행과 큰 차이점입니다. 다시 말해 세븐은행은 ATM 사용자 및 제휴 금융기관 모두에게 매력적인 서비스로 기능하고 있는 것입니다.

Chapter 1

4

[자동차 관련]
자동차 업계 비즈니스 모델 비교

같은 업종이라도 재무상태표 형태가 다르다?

이제 재무상태표와 관련된 마지막 문제입니다. 이번에는 자동차 관련 사업을 하는 회사 3곳을 골라보았습니다. 자동차 제조업체인 닛산자동차, 주차장 운영과 모빌리티 사업(렌터카, 차량 공유)으로 돈을 버는 파크24, 운전기사와 이용자를 연결하는 서비스를 제공하는 미국 회사 우버입니다. 세 회사는 같은 자동차 관련 업계지만, 비즈니스 모델이 다르므로 재무상태표 모양도 다릅니다.

마지막 문제니까 재무상태표도 조금 더 자세히 살펴봅시다. 그럼 시작해보죠!

Q 파크24의 재무상태표는 어느 것일까요?

①		②		③	
현금 등	매입채무	현금 등	유이자부채 / 미지급비용	현금 등	미지급비용
	유이자부채	매출채권	기타 유동부채		기타 유동부채
매출채권	기타 유동부채	기타 유동자산		기타 유동자산 / 유형자산	유이자부채
기타 유동자산	유이자부채	유형자산	유이자부채		기타 비유동부채
	기타 비유동부채			유가증권	
유형자산	자본		기타 비유동부채		자본
		무형자산	자본		
기타 비유동자산		기타 비유동자산		기타 비유동자산	

● **닛산자동차**

일본의 대형 자동차 제조업체이다.

● **파크24**

일본에서 주차장 운영과 모빌리티 사업을 진행하고 있다. 한국에서는 GS와 합작하여 GS파크24라는 회사를 설립한 후, GS 타임스 주차장 등을 운영하고 있다.

● **우버**(Uber Technology)

택시 운전기사와 이용자를 매칭하는 서비스를 제공한다.

회사별 비즈니스 보고 생각하기

 일단 각각 어떤 비즈니스를 하는 회사인지 정리해보고 싶은데요.

 좋아요. 먼저 닛산자동차는 자동차를 만들어서 일본뿐만 아니라 전 세계를 대상으로 판매하는 자동차 제조업체지요.

 그런 의미에서 닛산은 공장이 있으니까 비유동자산이 꽤 크다고 예상할 수 있겠네요.

 그에 비해 파크24는 주차장 운영이 주력 사업이죠. 영업 일을 하다 보니 회사차를 자주 이용하는데, 파크24에서 운영하는 주차장은 어딜 가도 쉽게 볼 수 있어요. 전 아직 이용해본 적이 없지만, 렌터카나 차량 공유 같은 모빌리티 사업도 하는 것 같아요.

 우버는 미국에서 창업했는데, '우버(Uber)'라는 앱을 통해 택시 운전기사와 승객을 연결하는 서비스로 수익을 냅니다. 일본이나 한국은 아직 규제가 엄격해 진출하기에 장벽이 높지만, 미국이나 유럽에 갔을 때는 우버로 운행하는 개인택시가 많아서 무척 편리했어요.

저도 아직 우버는 써본 적이 없는데, 앱에서 승차 장소와 목적지를 지정하면 가까운 곳에 있는 차를 배차해주는 시스템이죠? 그 자동차는 우버가 보유한 자동차인가요?

 아니요. 우버는 그냥 매칭만 해주고, 우버가 직접 차를 보유하지는 않아요.

 그러면 비유동자산이 그다지 크지 않을 수도 있겠네요.

큰 차이점에 주목해보기

 그러면 문제에 나온 세 회사의 차이점을 살펴볼까요? 우선 대략적인 부분부터 살펴보자면, 회사 한 곳은 눈에 띄게 유형자산이 적어요.

 ③번 말이죠? 닛산처럼 자동차 공장이 있거나, 파크24같이 주차장과 차량 공유 사업을 하는 곳이라고 가정한다면 지나치게 비유동자산이 적은 것 같군요.

 ③번은 우버겠네요. 그럼 ①번이나 ②번이 파크24일 가능성이 있어요.

 아까 학생이 말한 대로, 닛산은 공장이 있으니 유형자산도 클 것 같아요. 자동차를 만들려면 상당한 면적이 필요하니까요.

 유형자산이 가장 큰 건 ②번이네요. ②번이 닛산이라면 차를 만들 때 어느 정도 자금이 필요할 테니 유이자부채가 늘어나는 경향이 있지 않을까요?

 그럼 ②번이 닛산자동차고 파크24는 ①번이라고 생각합니다! 자, 회계곰!

 …….

 …….

땡! 정답은 ②번 파크24입니다!

 네에?!!

정답은 ②번 파크24

닛산자동차	
현금 등	매입채무
매출채권	유이자부채
	기타 유동부채
기타 유동자산	유이자부채
유형자산	기타 비유동부채
	자본
기타 비유동자산	

파크24	
현금 등	유이자부채 미지급비용
매출채권 기타 유동자산	기타 유동부채
유형자산	유이자부채
	기타 비유동부채
무형자산	자본
기타 비유동자산	

우버 테크놀러지	
현금 등	미지급비용
	기타 유동부채
기타 유동자산 유형자산	유이자부채
	기타 비유동부채
유가증권	자본
기타 비유동자산	

 아깝게 틀렸네요. ③번이 우버라는 건 맞췄어요. 하나 놓친 부분이 있습니다. 만약 ①번이 파크24라면 이렇게까지 매출채권이 늘어났을까요?

 좀 신경이 쓰이기는 했습니다. 주차장이나 차량 공유사업은 돈을 낼 때 대부분 신용카드로 내잖아요. 그래서 실제로 매출이 발생해도 파크24에 현금이 들어올 때까지 시간이 걸리니, 매출채권이 쌓이지 않을까 싶었습니다.

 오, 좋은 지적이에요. 다만 ①번이 파크24라면, 유형자산의 액수를 넘을 정도로 신용카드 결제금액이 쌓일지 생각해보면 좋겠죠.

 그렇게 보니 이상하네요.

 죄송하지만 매출채권이 뭔지, 어떤 개념인지 전혀 모르겠는데요.

매출채권이란 간단히 말하면 나중에 돈을 받을 권리를 뜻합니다. 예를 들어 신용카드로 결제하면, 그 금액은 나중에 신용카드 회사에서 한꺼번에 사용자에게 청구하지요. 회사가 청구한 금액을 사용자가 지급하기로 약속은 되어 있지만, 우리가 돈을 낼 때까지 신용카드 회사에 현금으로 들어오는 돈은 없습니다. 그런 점에서 매출채권으로 잡힙니다.

 그렇군요! 매출이 예정되어 있지만, 아직 입금이 없는 상태를 말하는 거네요.

우선 ③번이 우버라는 건 맞습니다. 세 회사 중에서 우버만 자산을 거의 필요로 하지 않습니다. 택시와 이용자를 이어주는 서비스이므로, 배차 플랫폼을 유지하기 위한 비유동자산만 있습니다. 자동차 같은 설비를 준비할 필요가 없으니 유형자산은 적습니다.

우버 같은 기업은 스마트폰 앱을 이용해서 택시를 부르고, 자동차를 운전하는 사용자만 있다면 돌아가는 비즈니스입니다. 큰 금액의 비유동자산이 필요 없는 사업 구조를 갖고 있습니다.

● **우버 비즈니스 모델** ··

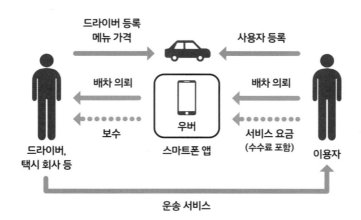

Note 3 – Fair Value Measurement
The Company's investments on the condensed consolidated balance sheets consisted
of the following as of December 31, 2018 and June 30, 2019(in millions):

연결재무상태표

	As of	
	December 31, 2018	June 30, 2019
Non-marketable equity securities		
Didi	$ 7,953	$ 7,953
Other	32	94
Debt securities:		
Grab[1]	2,328	2,334
Other[2]	42	34
Investments	$ 10,355	$ 10,415

현금 등	미지급비용
	기타 유동부채
기타 유동자산	유이자부채
유형자산	
유가증권	기타 비유동부채
	자본
기타 비유동자산	

그러나 〈우버의 투자 유가증권 내역과 연결재무상태표〉 도표에서 연결재무상태표를 보면, 유형자산은 적지만 전체 자산 대비 투자한 유가증권의 비중이 큽니다. 이는 우버가 중국 기반의 모바일 차량 공유 회사인 디디추싱(DiDi, DiDiChuXing)에 투자를 진행한 부분이 '유가증권'으로 계상되었기 때문입니다. 재무상태표를 보면 디디추싱에 투자한 유가증권이 비유동자산 대부분을 차지하고 있습니다.

참고로 파크24는 우버와는 달리 차량 공유 사업 때문에 자동차, 주차장용 토지 같은 큰 규모의 비유동자산이 필요합니다.

이번에는 닛산자동차를 살펴봅시다. 다음에 나오는 〈닛산자동차 연결재무상태표〉 도표를 보면, 가장 먼저 유동자산 대부분을 차지하는 판매금융채권(매출채권)이 눈에 들어옵니다. 이는 자동차를 구매할 때 이용하는 할부금액이 매출채권으로 계상되기 때문입니다.

● 닛산자동차 연결재무상태표 ⋯⋯⋯⋯⋯⋯⋯⋯⋯⋯⋯⋯⋯⋯⋯⋯⋯⋯⋯⋯⋯⋯⋯⋯⋯⋯⋯⋯

(단위: 100만 엔)

	전기연결회계연도 (2018년 3월 31일)	당기연결회계연도 (2019년 3월 31일)
자산계정		
유동자산		
현금 및 예금	1,134,838	1,219,588
수취어음 및 매출채권	739,851	512,164
판매금융채권	※3, ※6 7,634,756	※3, ※6 7,665,603
유가증권	71,200	139,470
상품 및 제품	880,518	827,289
재공품	91,813	64,386
원료 및 저장품	318,218	366,248
그 외	※6 775,771	※6 945,449
대손충당금	△116,572	△127,092
유동자산합계	11,530,393	11,613,105

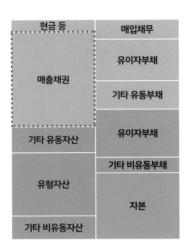

● 자동차산업의 금융 비즈니스 ⋯⋯⋯⋯⋯⋯⋯⋯⋯⋯⋯⋯⋯⋯⋯⋯⋯⋯⋯⋯⋯⋯⋯⋯⋯⋯⋯⋯

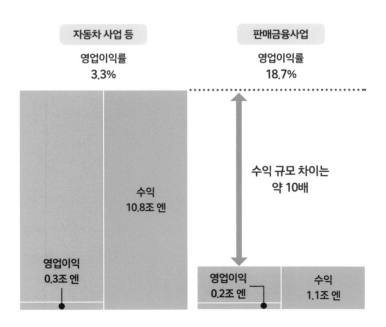

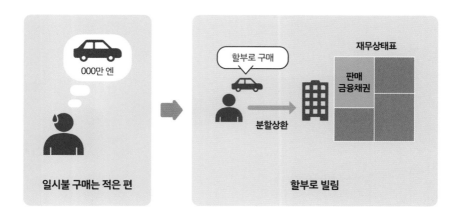

자동차는 고가의 상품입니다. 그러다 보니 할부로 구매하는 사람들이 대부분이라고 할 수 있습니다. 〈자동차 할부에 따른 자동차 구매〉 도표에 나오듯, 자동차를 할부로 판매하면 판매금융채권이 자동차 제조업체의 유형자산에서 유동자산(매출채권)으로 넘어가 재무상태표에 계상됩니다.

닛산의 자동차 사업과 판매금융사업인 할부사업의 수익, 비용, 이익을 비교해보면, 전체 수익 면에서는 10배 이상 차이가 납니다. 하지만 영업이익 기준으로는 거의 비슷한 수준이어서, 할부사업이 닛산의 큰 수익원이라는 사실을 추측할 수 있습니다.

회사가 어떠한 자산을 사용하여 수익을 내는지 생각하면서 재무제표를 살펴봅시다. 〈자동차산업의 금융 비즈니스〉 도표를 보면, 닛산이 자동차 판매뿐만 아니라 할부사업으로 이익을 낸다는 사실을 알 수 있습니다. 참고로 이렇게 금융사업을 함께 운영하지 않으면 고객에게 차를 팔 수 없습니다. 만약 자동차를 사려고 하는데 전액 현금으로만 살 수 있다면, 그 회사에서 차를 살 수 있을까요? 역설적이지만 금융사업 덕분에 자동차도 팔리고 돈도 벌 수 있는 것입니다.

● 일본 차량 공유 업계 자동차 대수 추이 ···

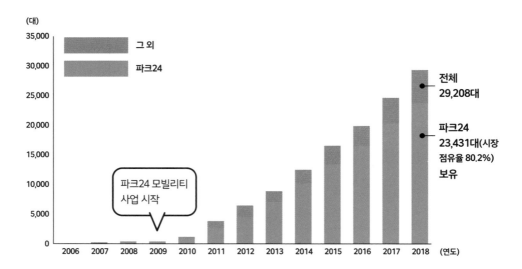

● 차량 공유 사업의 성공 요인 ···

마지막으로 파크24입니다. 독자 여러분은 단순히 주차장을 운영하는 회사라고 생각할지 모르겠습니다. 하지만 파크24의 주력 사업은 차량 공유 사업입니다. 일본의 차량 공유 업계를 이끌고 있습니다. 일본에 등록된 차량 공유 사업용 차량 대수는 2018년 기준으로 29,208대인데, 그중에서 파크24는 23,431대를 보유하여 전체 중에서 80%를 차지합니다. 차량 숫자만 봐도 상당한 시장점유율을 기록하고 있습니다.

차량 공유 사업에서 성공하려면 주차장, 회원, 자동차, 이렇게 3가지가 필요합니다. 그리고 자동차의 가동률이 이익으로 직결되므로, 가동상황에 관한 데이터를 실시간으로 파악하고 그에 맞는 대책을 세우는 것이 성공의 열쇠입니다.

파크24는 후발주자로 차량 공유 사업에 뛰어들었습니다. 더군다나 처음에는 사업에 필요한 3가지 요소 중 2가지(주차장과 회원)만 갖추고 있었습니다. 정작 자동차

● **파크24: 차량 공유 사업 진입 계기 ①**

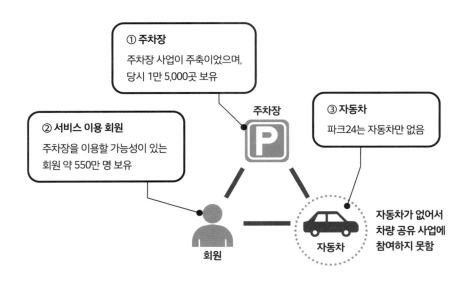

① **주차장**
주차장 사업이 주축이었으며, 당시 1만 5,000곳 보유

② **서비스 이용 회원**
주차장을 이용할 가능성이 있는 회원 약 550만 명 보유

③ **자동차**
파크24는 자동차만 없음

주차장

회원

자동차

자동차가 없어서 차량 공유 사업에 참여하지 못함

● 파크24: 차량 공유 사업 진입 계기 ②

파크24 유가증권보고서(2009년) 중에서

> **3 [사업의 내용]**
> 또한 2008년 3월에 주식회사 마쓰다렌터카의 주식을 취득, 자회사로 편입하였으며 같은 회사의 자회사 2
> 사 및 관련 회사 5개사와 함께 렌터카 사업을 개시했습니다. 이에 따라 당사 그룹의 사업 종류별 부문을 당
> 기 연결회계연도부터 주차장 사업, 렌터카 사업, 2가지 사업 부문으로 변경하였습니다. 변경 내용에 대해서
> 는 '제5 경리 상황', '1 연결재무제표 등' 주기사항(부문 정보)에 기재된 대로입니다.

> 주차장이나 회원은 적지만 자동차는 가지고 있던
> 마쓰다렌터카를 자회사화함

⇒

> 무기를 갖추고 2009년부터
> 모빌리티 사업에 진출

● 파크24: 중고차 판매에 따른 계정 전환

> ***5 유형자산의 소유목적 변경**
> 당기연결회계연도(2018년 10월 31일)
> 렌터카 사업에 따른 중고차량 매각을 영업 사이클의 일환으로 삼기 위해, 당기 연결회계연도의 재고자산(상
> 품)에 5,768만 엔을 대체하였습니다. 또한 회계연도 기말의 잔액은 126만 엔입니다.

재무상태표

- 개인 대상 중고차 판매 사업을 전개

- 차량 공유나 렌터카는 사용자에게 시승 경험이
  며, 마음에 든 차를 그대로 판매
  → 비유동자산(비품 등)에서 유동자산(재고자산)
  으로 전환

유동자산	
비유동자산 렌터카	

보유목적
변경

는 보유하지 않아 차량 공유 사업에 참여하지 못했습니다. 그러나 파크24는 시장이 성장할 것으로 판단하고, 차량을 조달할 방법을 생각한 끝에 자동차를 갖고 있던 '마쓰다 렌터카'를 자회사로 만들었습니다.

 세 번째 문제였던 세븐은행이랑 비슷하네요.

 세븐은행은 이미 갖고 있던 자산인 편의점을 활용해 ATM 설치에 들어가는 초기 투자를 아끼고 금융업에 진출했죠.

 주차장·회원을 파크24와 자동차를 가진 마쓰다렌터카가 함께하면 초기 투자를 아끼고, 차량 공유 사업은 물론 렌터카 사업까지 확장할 수 있네요.

　자동차를 손에 넣고 무기를 갖춘 파크24는 2009년에 모빌리티 사업에도 진출했습니다. 최근에는 중고차 판매도 개시했습니다. 차량 공유로 타본 차가 마음에 든 사용자를 대상으로 합니다.

　회사 소유의 자동차(=비유동자산)를 기반으로 차량 공유 사업을 운영하며 매출을 올립니다. 그리고 시승 후 사용자가 구매를 희망하는 자동차를 판매하면서 한 번 더 이익을 올리는 구조입니다. 차 한 대로 가능한 많은 수익을 올릴 수 있는 사업 모델을 완성했다고 볼 수 있습니다.

Chapter 2

〰〰〰〰〰〰〰

손익계산서란 무엇일까?

손익계산서란 무엇일까요?

손익계산서만 보고 어떤 업종인지 알 수 있을까?

앞서 설명한 재무상태표에 이어 손익계산서를 살펴볼 차례가 왔습니다. 손익계산서는 재무상태표나 다음 장에서 소개할 현금흐름표보다 훨씬 더 피부로 와닿아서 이해하기 쉬운 재무제표이기도 합니다.

자, 일단 문제부터 풀어봅시다.

 다음 손익계산서는 어떤 업종일까요?

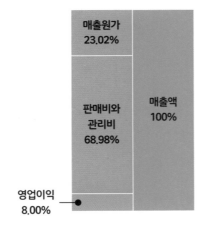

정답은 이번 장 끝부분에 실려 있으니 마지막까지 다 읽으면 쉽게 맞출 수 있습니다. 정답을 확인하면서 맨 처음 머릿속으로 떠올렸던 답과 비교해보면 의외로 재밌을지도 모릅니다. 그럼 이제 손익계산서를 살펴봅시다!

손익계산서란?

손익계산서는 앞서 살펴본 재무상태표와 회계상으로 밀접하게 연계된 재무제표입니다(구체적으로 어떻게 연계되어 있는지 뒤에서 다시 한번 설명하니 걱정하지 않아도 됩니다). 그렇다면 구체적으로 손익계산서란 무엇일까요?

① 간단하게 말하면?

회사가 1년간 활동하면서 얼마만큼 벌어들이고 비용이 어떻게 지출되었는지, 그리고 그 결과 얼만큼 이익을 냈는지 기록한 자료입니다.

손익계산서에서 '올해 이 회사는 돈을 얼마나 벌었지?'라는 회사의 성적표를 확인할 수 있습니다. 즉 '돈을 벌었는지에 관한 정보(경영성적)'를 정리한 것이 손익계산

● **기업의 특정 기간 영업성적을 나타내는 손익계산서** ⋯⋯⋯⋯⋯⋯⋯⋯⋯⋯⋯⋯⋯⋯⋯⋯⋯⋯

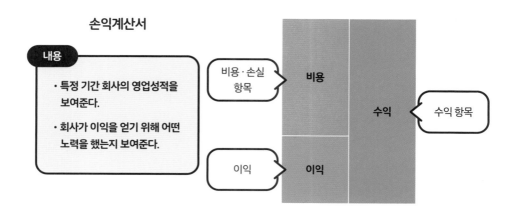

손익계산서

내용
- 특정 기간 회사의 영업성적을 보여준다.
- 회사가 이익을 얻기 위해 어떤 노력을 했는지 보여준다.

비용·손실 항목 → 비용

수익 ← 수익 항목

이익 → 이익

서입니다.

② 손익계산서=P/L

손익계산서(P/L, Profit and loss statement)는 P/L이라고 부르기도 합니다. Profit은 이익, Loss는 손실, Statement는 계산서를 뜻하는데, P/L이라는 표현도 B/S와 마찬가지로 널리 사용됩니다.

③ 항목에 따라서 좌우로 그룹을 나눈다

손익계산서에서는 왼쪽(차변)에 비용을 적고, 오른쪽(대변)에 수익을 기록합니다. 여기서 말하는 수익은 매출과 같은 의미로 이해하면 됩니다.

④ 차변과 대변은 일치한다

비용의 합계금액과 수익의 합계금액에는 차이가 발생하는데, 이 차이가 바로 '이익' 또는 '손실'입니다. 이익 또는 손실, 수익 및 비용을 합하면 차변과 대변의 금액이 똑같아집니다.

수익이 더 큰 경우

이익이 발생할 때 계산은 다음과 같습니다.

- 수익(100)-비용(80)=이익(20) → 차변과 대변이 일치

비용이 더 큰 경우

손실이 발생할 때 계산은 다음과 같습니다.

- 수익(80)-비용(100)=손실(△20) → 차변과 대변이 일치

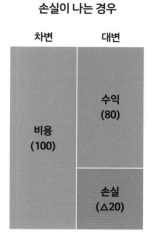

이 내용을 그림으로 나타내면 〈차변과 대변의 일치 예시〉 도표와 같습니다.

이제 대략 손익계산서의 감을 잡았을 테니 조금 더 자세하게 살펴봅시다. 앞서 손익계산서에는 비용, 이익, 수익, 3가지 항목이 기록되어 있다고 설명했습니다. 손익계산서의 왼쪽(차변)에는 비용과 이익, 오른쪽(대변)에는 수익을 기록합니다.

손익계산서에 기록된 정보

손익계산서에 기록된 정보를 크게 나누면 3가지입니다.

1. 수익: 회사가 1년 동안 벌어들인 금액
2. 비용: 직원 급여나 광고비용 등 회사가 1년 동안 들인 비용
3. 이익 또는 손실: 수익과 비용의 차이로 계산하며, 이 숫자로 회사가 돈을 벌고 있는지 확인

이 책에서는 수익을 파란색, 비용을 주황색, 이익을 초록색(손실은 붉은색)으로 표시합니다.

● **손익계산서: 이익이 나는 경우**

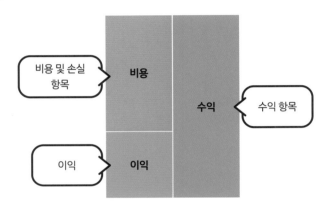

● **손익계산서: 손실이 나는 경우**

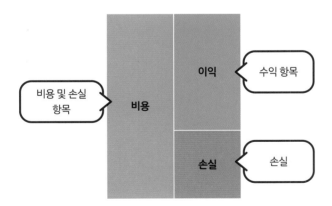

수익, 비용, 이익은 여러 가지?

수익과 비용, 이익, 각각에 대해 자세하게 살펴봅시다. 어떤 항목이 기재되는지 우선 손익계산서의 대략적인 구조를 살펴보세요.

● **손익계산서 정리** ···

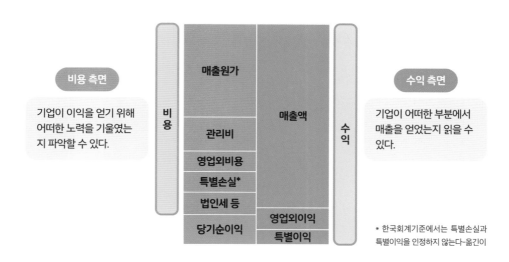

비용 측면

기업이 이익을 얻기 위해 어떠한 노력을 기울였는지 파악할 수 있다.

수익 측면

기업이 어떠한 부분에서 매출을 얻었는지 읽을 수 있다.

* 한국회계기준에서는 특별손실과 특별이익을 인정하지 않는다-옮긴이

● **손익계산서 읽기: 큰 항목에 따라 단순화** ·······································

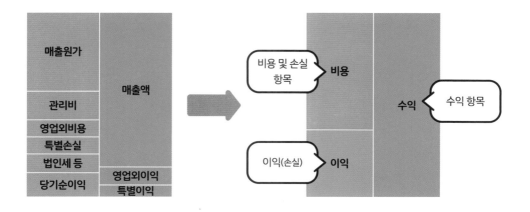

비용 및 손실 항목 → 비용

수익 항목 → 수익

이익(손실) → 이익

〈손익계산서 정리〉 도표를 봅시다. 비용 측면과 수익 측면을 자세히 들여다보면 훨씬 다양한 항목이 있습니다. 하지만 아까도 설명했듯 손익계산서는 수익과 비용을 비교해서 이익을 나타내고 있다는 사실을 기억해야 합니다. 손익계산서는 ① 수익, ② 비용③ 이익(손실), 3가지 요소로 구성되어 있습니다. 실제 손익계산서를 볼 때 처음 보는 단어를 만나더라도 일단 심호흡한 뒤에, 각각 어떤 요소인지 생각해보면 어렵지 않게 내용을 파악할 수 있습니다. 간단하게 정리하면, 수익과 비용을 비교해서 이익(또는 손실)을 산출하기만 하면 됩니다.

하나 더 기억해야 할 부분이 있습니다. 실제 손익계산서에는 '이익'이라는 단어가 자주 등장하는데 각각 의미가 다릅니다. 우선 이익의 의미를 순서대로 살펴보면서 손익계산서의 전반적인 모습을 파악해봅시다.

손익계산서의 5가지 이익

손익계산서에는 여러 가지 이익이 표시되어 있습니다. 각각 무엇을 의미하는지 순서대로 생각해봅시다.

● 이익의 종류

1. 매출총이익

우선 첫 번째, 매출총이익입니다. 매출총이익 계산은 매출액에서 원가를 빼면 됩니다.

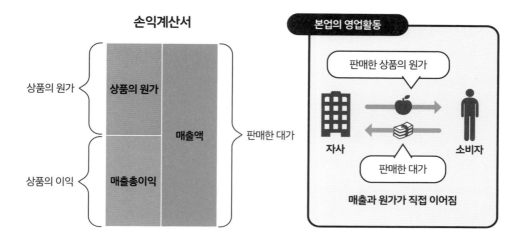

2. 영업이익

다음으로 영업이익을 살펴봅시다. 일반적으로 흔히 많이 쓰는 '이익'이라는 단어는 영업이익을 가리키는 경우가 많습니다.

● 영업이익

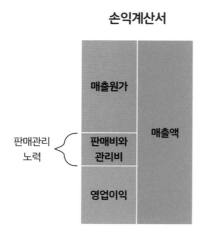

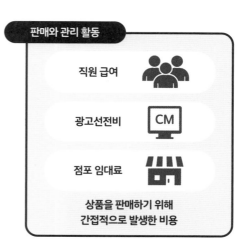

영업이익은 매출총이익에서 판관비(=판매비와관리비)를 제하고 계산합니다. 앞서 언급한 매출총이익으로는 본업을 통해 돈을 벌고 있는지 정확하게 파악하기 어렵습니다. 왜냐하면 상품 원가 이외에도 판매 및 관리 활동에서 일정 비용이 발생하기 때문입니다. 그러므로 이러한 비용을 포함하여 이익을 계산해보면, 실제 본업을 통해 돈을 벌고 있는지 영업이익을 계산할 수 있습니다.

판관비는 매출총이익을 얻기 위해 기업이 얼마나 노력을 했는지 나타내는 항목입니다. 판관비에는 광고나 홍보에 들어간 비용이나 직원 급여가 포함되므로 이를 통해 회사의 경영 상태를 손쉽게 확인할 수 있습니다. 다음은 주요 판관비 예시를 정리한 것입니다.

① 급여: 임직원 급여
② 광고 선전비용: 상품의 광고비용이나 인터넷에서 온라인 광고를 내보내는 비용
③ 운송비: 상품을 고객에게 배송하는 데 들어가는 비용
④ 지대임대료: 사무실을 빌리는 경우 임대료
⑤ 감가상각비: 비유동자산을 사용하면서 자산 가치 하락을 비용으로 산정한 것
⑥ 외주비: 업무를 회사 외부 사람에게 위탁하는 경우의 그 비용

관리비를 살펴보면 같은 업종이라도 광고 선전비를 많이 사용하는 회사가 있는 반면, 전혀 비용을 쓰지 않는 회사도 있습니다. 판매관리비에는 기업마다의 특징이 잘 드러납니다. 기업을 분석할 때 판관비 내용을 잘 살펴보면 생각지 못한 점을 발견하기도 합니다.

판관비	상품을 판매하기 위해 발생한 비용(판매비)과 회사 전체 관리에 드는 비용(일반관리비)의 총칭입니다. 이들은 모두 상품을 제조하기 위해 직접 들어간 비용은 아닙니다. 하지만 광고가 없으면 팔리지 않고, 본사의 업무가 없으면 회사가 돌아가지 않으므로 이러한 비용은 상품을 팔기 위해 간접적으로 발생한 비용이라고 생각하면 됩니다.
본업	기업은 회사의 규칙을 정해놓은 문서에 해당하는 정관을 작성합니다. 정관에는 기업이 어떠한 비즈니스를 할지에 대해 기재하는 부분이 있는데, 여기에 기재된 내용이 본업입니다. 예를 들어 사과를 매입하여 판매하는 회사라면 정관에는 '사과 매입 판매'라고 기재합니다. 이러한 경우 사과를 매입하고 판매하는 일은 본업이므로 매출로 잡고, 그 이외의 비즈니스로 얻은 이익은 본업 이외의 수익이므로 영업외수익으로 기재합니다.

3. 경상이익

세 번째는 경상이익입니다. 회사의 실력이 가장 잘 반영되는 이익이기도 합니다. 경상이익은 본업에서 획득한 영업이익에, 본업 이외에서 획득한 수익(영업외수익)을 더해 비용(영업외비용)을 공제하여 계산합니다.

● 경상이익

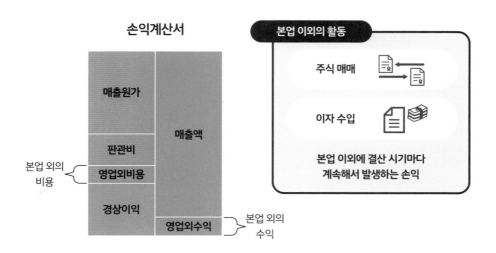

본업 이외에 주식 거래를 하는 회사의 경우를 예로 들어봅시다. 주식 거래로 인한 이익이 발생하면 회사의 이익에 공헌하지만, 본업에서 발생한 이익은 아닙니다. 이러한 내용이 영업외수익이나 비용으로 잡힙니다. 이들 모두 지속하는 활동으로 획득한 이익이므로, 회사의 실력이 가장 잘 반영되는 이익이라고 할 수 있습니다.

4~5. 세전당기순이익 및 당기순이익

네 번째 이익은 세전당기순손실입니다. 다음 도표를 봅시다.

● 세전당기순이익 ···

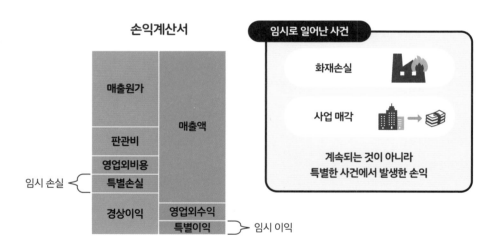

세전당기순이익은 특정 기간에 발생한 모든 사건을 더해서 계산한 이익입니다. 경상이익에 특별손익이라는 특정하게 일어난 사건(예를 들면 화재손실이나 사업 매각)에서 발생한 이익이나 손실을 계산합니다. 또한 세전당기순이익에서 법인세 같은 세금 비용을 공제하면 다섯 번째 항목인 당기순이익을 계산할 수 있습니다.

● **손익계산서의 각종 이익 정리 ①**

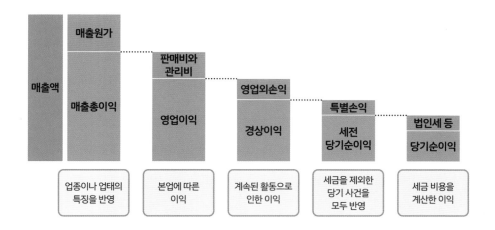

● **손익계산서의 각종 이익 정리 ②**

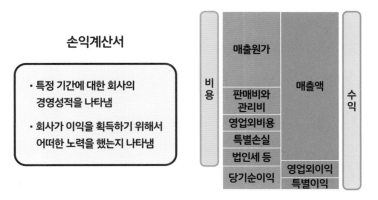

결국 매출액에서 각종 발생한 비용을 제외하고 가장 마지막에 당기순이익이 남는다고 이해하면 됩니다. 또한 각 단계에서 상품의 이익(매출총이익), 본업의 이익(영업이익), 여기에 본업 이외의 수익이나 비용을 고려한 이익(경상이익), 당기에 일어난 특별한 사건을 포함한 전체 이익(세전당기순이익), 세금 납부 후에 자본으로 돌아오는 이익(당기순이익)이 나타납니다.

지금까지 다룬 내용을 다음과 같이 정리하겠습니다.

손익계산서 요점 정리

- 수익에는 기업이 사업을 해서 만들어낸 성과가 기록된다.
- 비용에는 수익을 만들어내기 위해 들어간 노력이 기록된다.
- 이익은 수익에서 비용을 제한 금액으로 계산한다.
- 손익계산서는 수익, 비용, 이익, 3가지로 구성된다.
- 손익계산서는 특정 기간 회사의 경영성적을 나타낸다. 또한 회사가 이익을 획득하기 위해 어떠한 노력을 했는지 파악할 수 있다.

손익계산서를 보고 업종을 생각해보자

이제 이번 장에 첫머리에서 낸 문제를 풀어보겠습니다.

 다음 손익계산서는 어떤 업종일까요?

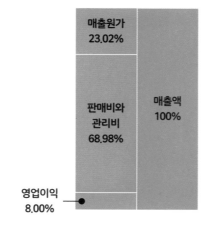

힌트

- 각각 비즈니스에서 어떠한 원가와 판관비가 발생할지 생각해봅시다.
- 손익계산서 비용에는 기업의 전략이 반영되어 있습니다. 예를 들어 원가가 같더라도 판매 단가가 높은 상품의 경우 원가율은 내려갑니다. 반면에 단가가 낮다면 원가율은 올라갑니다. 이처럼 가격을 매기는 방식에 따라서 원가율은 달라집니다.
- 판관비 크기에는 기업의 전략이 반영되어 있습니다. 예를 들어 영업 직원을 많이 고용해서 판매하는 전략을 택한 기업은 인건비가 크고, TV 광고를 많이 하는 기업은 광고선전비 항목이 큽니다.

정답은 ②번 화장품입니다! 문제의 손익계산서는 화장품 제조업체인 시세이도의 손익계산서입니다(2017년 4분기 시세이도 손익계산서 수치를 사용).

화장품은 원재료 대부분이 물로 이루어져 있어 원가가 상당히 낮습니다. 하지만 신제품이 계속 출시되고 경쟁 상품이 많아서, 광고와 마케팅에 힘을 쏟지 않으면 상품을 판매하기 힘든 업종입니다. 그래서 TV 광고나 온라인 광고에 돈을 들이는 회사가 많습니다. 그 결과 원가가 낮고 판관비가 크다는 특징이 있습니다.

Chapter 2

1

[소매업]
매출원가율 착시효과에 속지 말자

눈에 보이는 숫자만 쫓다 보면 함정에 빠진다!?

소매 프랜차이즈 회사 3곳의 손익계산서를 살펴봅시다. 언뜻 보면 쉬워 보이지만 함정이 도사리고 있다는 사실이 이번 장에서 다룰 주제이기도 합니다.

우리가 흔히 떠올리는 회사의 이미지와 실제 손익계산서의 내용은 전혀 다른 경우가 많습니다. 그럼 어떻게 다른지 자세히 살펴봅시다!

Q 세븐일레븐의 손익계산서는 이 중에서 어떤 것일까?

①

②

③

● **북오프 그룹 홀딩스(Bookoff Group Holdings)**

고객으로부터 중고품을 매입하여 매장이나 온라인에서 판매한다.

● **세븐일레븐 재팬(Seven-eleven Japan Co.,LTD)**

일본에서 매장이 가장 많은 편의점 프랜차이즈이다.

● **캔두(CanDo)**

생활잡화나 식품 등을 판매하는 천원샵 프랜차이즈이다.

판매하는 상품 보고 생각하기

 우선 업체별로 상품 특징부터 살펴볼까요?

 캔두(CanDo)는 저도 자주 갑니다. 천원샵이다 보니 상품 단가는 대부분 천원 에 맞춰져 있어서 판매 가격을 올릴 수 없는 대신, 원가율을 낮춰서 이익을 내는 게 아닐까요?

 세븐일레븐은 다양한 물건을 팔지만, 특히 도시락 같은 먹을거리가 많은 느 낌이에요. 식품은 원가율이 30% 정도라고 들었는데, 그러니 다른 업종보다 이윤이 조금 더 크지 않을까요?

 북오프는 중고 책이나 물건을 고객으로부터 매입해서 다시 팔죠. 아주 드문 사례겠지만 100원에 매입한 물건을 2,500원에 파는 식이라면, 매출원가가 무척 낮겠죠? 물론 이렇게 하면 고객들이 믿고 물건을 거래하기 힘들 테니 이 정도는 아니겠지만요.

 다들 원가율 얘기를 하고 있는데, 전체 매출에서 매출원가가 차지하는 비중 이 어느 정도 될지 먼저 살펴보면 어떨까요?

눈에 띄게 매출원가가 낮은 그림이 있네요. ②번이 북오프 같아요.

판관비 보고 생각하기

 ②번이 북오프라면 ①번이나 ③번이 세븐일레븐이겠네요.

 회사마다 판관비는 어떻게 차이가 날까요?

 음, 판관비에는 어떤 항목들이 포함되나요?

 인건비라던가 가게에서 쓰는 수도세, 전기나 가스처럼 광열비가 들어가지요.

 세븐일레븐은 매장도 많고… 24시간 문을 여는 점포가 많으니까 직원 급여나 수도광열비도 꽤 들어갈 것 같아요.

 그러고 보니 ①번이나 ③번이 세븐일레븐 같기도 하네요.

 (음…. 하지만 ②번이 북오프라면 이렇게 영업이익이 높다는 게 좀 이상한데. 대체 어떻게 된 일이지? 소매업인데?)

 회계곰 아저씨! ③번이 세븐일레븐이죠?!

 땡! 정답은 ②번입니다!!

정답은 ②번
세븐일레븐
→

②번이라고요!? 어떻게 매출원가율이 이렇게 낮은가요!?

 세븐일레븐은 상품 종류도 많고 유통기한이 지난 제품은 바로 폐기하니까, 매출원가율이 무척 높을 것 같았는데….

 이 문제는 의외로 많이 틀려요. 손익계산서를 볼 때, 매장에서 파는 물건의 원가율만 재무제표에 표시되지는 않는다는 사실을 기억해야 해요. 매출원가율 착시효과에 속지 말고, 눈에 보이는 숫자 이외에도 회사의 비즈니스 모델을 제대로 파악하고 분석하는 능력이 중요하죠.

세븐일레븐은 단순히 물건만 판매하는 것이 아닙니다. 〈세븐일레븐의 수익구조〉 도표에서 확인해봅시다.

정답은 ②번이었는데, 세븐일레븐의 매출원가율은 고작 7.7%에 그친다는 사실이 놀랍지 않나요? 손익계산서에는 7.7%로 나타나지만 실제 매출원가율은 이보다 조금 더 높습니다. 이렇게 매출원가율이 낮게 나타난 이유는 세븐일레븐의 매출액은 가맹점(FC)과 직영점 전체의 매출이 표시되는 것에 비해, 매출원가는 직영점에 해당하는 금액만 기록하기 때문입니다.

● **세븐일레븐의 수익구조** ···

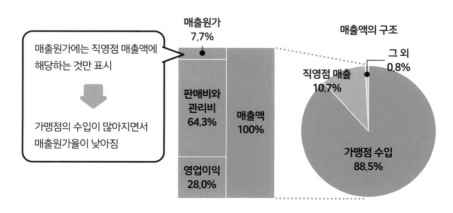

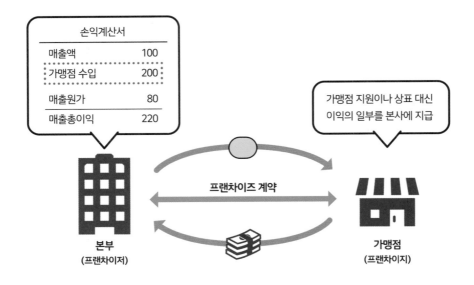

〈프랜차이즈 방식의 구조〉 도표를 봅시다. 프랜차이즈는 편의점 같은 비즈니스 형태에서 쉽게 볼 수 있습니다. 프랜차이즈 본부는 가맹점 상표나 경영 지원을 제공하고, 가맹점은 로열티 명목으로 이익 중 일부를 프랜차이즈 본부에 냅니다.

즉 가맹점의 이익은 본사 재무제표에 반영되지만, 가맹점이 부담한 비용은 반영되지 않습니다. 본부의 손익계산서에는 가맹점에서 얻은 수익이 순액으로 기재됩니다. 그러다 보니 편의점 사업의 손익계산서는 이익률이 높게(원가율은 낮음) 표시되는 경향이 있습니다. 그럼 세븐일레븐의 직영점포 원가율을 계산해보고, 앞서 소개한 다른 소매업체들과 비교해보면 어떨까요?

이번에 문제에 등장한 세 회사의 원가율을 비교해보면, 이번에는 세븐일레븐이 가장 높다는 사실을 알 수 있습니다(〈원가율 비교〉 도표). 자체 브랜드 상품(PB, Private Brand) 등을 개발하니 원가는 낮을 것이라 생각할지도 모릅니다. 하지만 세븐일레븐의 직영점은 방문하는 고객의 구매를 유도하기 위해 항상 어묵이나 도시락을 가득

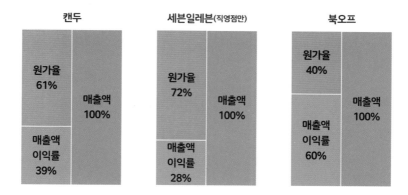

캔두
세븐일레븐(직영점만)
북오프

원가율 61%
매출액 100%
매출액 이익률 39%

원가율 72%
매출액 100%
매출액 이익률 28%

원가율 40%
매출액 100%
매출액 이익률 60%

● 세븐일레븐의 실제 손익계산서

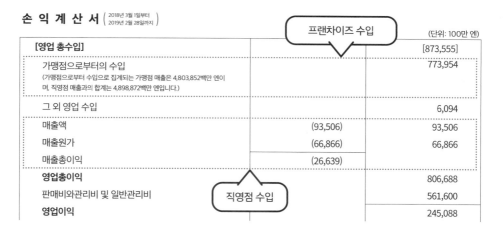

손 익 계 산 서 (2018년 3월 1일부터 / 2019년 2월 28일까지)

프랜차이즈 수입

(단위: 100만 엔)

[영업 총수입]		**[873,555]**
가맹점으로부터의 수입 (가맹점으로부터 수입으로 집계되는 가맹점 매출은 4,803,852백만 엔이며, 직영점 매출과의 합계는 4,898,872백만 엔입니다.)		773,954
그 외 영업 수입		6,094
매출액	(93,506)	93,506
매출원가	(66,866)	66,866
매출총이익	(26,639)	
영업총이익		806,688
판매비와관리비 및 일반관리비		561,600
영업이익		245,088

직영점 수입

채워두는 경우가 많습니다. 이는 그만큼 유통기한이 지나 폐기하는 상품도 많다는 것입니다. 그래서 원가율이 생각보다 낮지 않습니다.

이번에는 세븐일레븐의 실제 손익계산서를 살펴봅시다. 〈세븐일레븐의 실제 손익계산서〉 도표를 보세요.

앞에서 말한 대로 직영점의 비용은 원가로 잡혀 있지만, 프랜차이즈 점포는 수입만 표시되어 있습니다. 게다가 직영점 매출액과 비교하면 프랜차이즈의 수입은 7배 정도 더 큽니다. 이렇게 되면 직영점과 프랜차이즈를 합산했을 때 원가율이 낮게 나타나는 것도 이해가 갑니다.

이처럼 표면적인 숫자만 보면 원가율이 낮은 것처럼 보이지만, 실제 점포에서 판매하는 상품의 원가도 낮다고 볼 수는 없습니다. 기업의 비즈니스 구조를 이해하지 못하면 재무제표를 제대로 읽을 수 없습니다. 그래서 비즈니스 측면에서 이해하는 일이 매우 중요합니다.

2

[음식: 카페]
손익계산서를 통해 기업 판매처 파악하기

소비자 관점에서는 보이지 않던 비즈니스 모델?

2-2장에서 살펴볼 곳은 카페입니다. 같은 카페지만 원가는 물론 이익을 내는 방식도 각기 다르다는 점이 이번에 다룰 포인트입니다. 앞에서 살펴본 세븐일레븐은 손익계산서가 소매업이라고 생각하기 어려운 형태를 띠고 있었습니다. 그렇다면 이번에 다룰 세 회사는 어떨까요?

 코메다 홀딩스의 손익계산서는 어떤 것일까요?

①

②

③

- **도토루 니치레스 홀딩스(DOUTOR NICHIRES Holdings)**

일본을 대표하는 커피 체인점 도토루 커피 등을 운영 중이다.

- **긴자 르누아르(GINZA RENOIR)**

고급 카페인 '킷사 르누아르'를 중심으로 운영 중이다. 단가가 높은 상품 라인업으로 편안한 공간을 제공하며 회전율
이 낮다.

- **코메다 홀딩스(KOMEDA Holdings)**

나고야에서 시작한 카페 브랜드다. 프랜차이즈 가맹점 비율이 95%를 넘는 '코메다 커피점'을 중심으로 다양한 브
랜드를 운영 중이다.

회사별 상품 단가

● 도토루 니치레스 홀딩스	● 긴자 르누아르	● 코메다 홀딩스
커피 1잔 220~320엔 전후	커피 1잔 530~650엔 전후	커피 1잔 430엔~550엔 전후

단가와 판관비 크기로 생각해보기

 그럼 우선 손익계산서부터 살펴볼까요? 언뜻 봐서 눈에 먼저 들어온 부분은 매출원가와 판관비 크기 차이네요.

 그렇네요. 왜 이렇게 원가가 다를까요? 저는 평소에 카페에는 잘 가지 않는 편인데, 세 회사 모두 커피를 팔잖아요? 원가가 크게 다를 것 같지는 않은데요. 일반적으로 음식점의 원가율은 30% 정도, 판관비 비율은 5~60% 정도라고 들었습니다. 비슷하다고 생각해보면 ①번이나 ③번은 너무 이상해 보여요.

 그래요. 이번에는 회사별 상품 가격을 사전 정보로 미리 정리해두었으니, 이 내용도 같이 보면서 생각해봅시다.

정말 그렇네요. 같은 카페인데도 회사마다 커피 가격이 다르네요. 비싼 순으로 나열해보면 르누아르 → 코메다 → 도토루 순서군요.

 르누아르는 꽤 가격이 비싸네요. 그렇다면 이익률이 높은 ①번이 르누아르가 아닐까 싶어요.

 ①번은 ②번이나 ③번과 비교하면 영업이익이 꽤 많죠. 하지만 ①번은 판관비 부분에서 뭔가 좀 이상하단 말이에요. 이익은 그렇다 치고, 세 회사 중에서 가장 상품 가격도 높을 텐데, 뭔가 매출원가가 이렇게 크다는 건 좀 이상하지 않을까요?

 듣고 보니 그렇네요. 매출원가만 보면 ③번이 르누아르 같아요. 직영이니까 매장 운영에 필요한 판관비도 들어갈 테고. 가장 그럴듯하네요.

프랜차이즈 시점에서 생각해보기

 세븐일레븐 문제도 프랜차이즈와 관련된 내용이었는데요, 사전 정보에 프랜차이즈라는 말이 나온 것도 힌트 같다는 느낌이 들어요. 다들 어떻게 보시나요?

 그렇게 보면 코메다는 프랜차이즈 비율이 90% 이상인데요. 세븐일레븐 사례에서 배웠듯이 프랜차이즈 매장의 비용은 잡히지 않으니, 매출원가가 극단적으로 낮아지겠지요. 그렇다면 ③번이 코메다 아닐까요….

 아까 원가와 판관비 시점에서 보면 ③번이 르누아르고 코메다는 ①번이나 ②번일 것 같다는 이야기가 나왔어요. 단순히 원가만 놓고 보면 ①번이 도토루 같아요. 단가가 낮고 매출원가가 높지 않을까 싶어서요.

 그렇지만 ①번이 도토루라면 단가가 낮은데도 이렇게 이익이 많이 나오다니…, 대체 어떤 비즈니스 모델일까요? 어딘가 이상해요.

 그렇네요. ①번은 손익계산서 형태가 좀 이상하네요…. 음식점인데도 판관비가 이렇게 적다니. 여러모로 보면 ②번이 도토루 아닐까요? 르누아르는 상품단가도 높고, 원가율이 ①번처럼 높지는 않을 것 같아요. 그리고 직영점이라 판관비도 들어갈 테니 ③번이 르누아르라 생각해요.

 슬슬 시간이 다 됐는데, 다들 답이 나왔을까요?

 음…. 토론하는 중인데, 투자가 의견대로 ②번은 도토루, ③번은 르누아르가 아닐까 해요, 그럼 남은 건 ①번 코메다!

 정답입니다! ①번 코메다 홀딩스예요!

정답은 ①번
코메다 홀딩스

이번 장에서는 평소에는 눈에 보이지 않는 비즈니스 모델을 파악하는 것이 중요합니다. 브랜드별로 각기 다른 커피의 가격대나 점포 운영 방식을 생각해보면 답을 찾을 수 있는 문제였습니다.

특히 손익계산서를 통해 회사별로 주요 거래처를 파악하는 것이 중요합니다. 이야기 속에서도 "①번은 손익계산서 형태가 이상하다"라는 말도 나왔고, "요식업인데도 판관비가 너무 작아서 이해가 되지 않는다"라는 발언도 있었습니다. 실제로 코메다의 비즈니스 모델은 도토루나 르누아르와는 전혀 다른 방식을 채택하고 있습니다.

도토루와 르누아르는 고객에게 상품을 판매하는 B2C 비즈니스입니다. 반면에 코메다는 알고 보면 프랜차이즈 매장에 제품을 도매로 납품하면서 이익을 내는 B2B 비즈니스에 가깝습니다.

우선 코메다의 출점 형식을 살펴봅시다.

〈코메다 홀딩스 출점 현황〉 도표에 나와 있듯이, 코메다 홀딩스가 일본에서 운영 중인 860개의 매장 중 816개는 가맹점입니다. 그 비율은 무려 95%에 달합니다(2018년도 유가증권보고서 인용). 더 자세히 살펴보면 주요 브랜드 '코메다 커피점'은 총 835개 매장 중 808개가 가맹점입니다. 전체 매장 중 97%가 직영점이 아닌 가맹점에 해당합니다.

● **코메다 홀딩스 출점 현황** ······························

구분	지역	전년도연결회계연도 말	신규출점	폐점	당해연결회계연도말
코메다 커피점	동일본	218(7)	19(2)	-(-)	237(18)
	중부	339(2)	1(-)	9(-)	331(2)
	서일본	228(3)	32(1)	-(-)	260(4)
	해외	5(1)	2(2)	-(-)	7(3)
오카게안	전국	8(1)	1(1)	-(-)	9(3)
야와라카시로콧페	전국	7(7)	16(14)	7(7)	16(14)
합계		805(21)	71(20)	16(7)	860(44)

1. 직영점은 괄호 안에 숫자로 기재
2. '코메다 스탠드'는 야와라카시로콧페 항목에 포함하였습니다.
3. 신규출점, 폐점 이외에 기업 매수 등으로 인해 동일본 지역 및 오카게안의 직영점포 수는 합계 10개 증가하였습니다.

앞서 세븐일레븐 문제에서도 이야기했지만, 프랜차이즈 방식이란 일반적으로 본사에서 가맹점에 브랜드 및 매장 영업을 지원합니다. 그 대신 가맹점으로부터 로열티를 받는 비즈니스 형태입니다.

세븐일레븐의 경우 손익계산서에 기재된 수익 대부분이 가맹점으로부터 받는 로열티였다는 사실을 기억하시나요? 그럼 대부분 매장이 프랜차이즈 가맹점인 코메다 홀딩스도 세븐일레븐처럼 로열티 수입이 수익 대부분을 차지할까요? 이를 확인하기 위해 〈코메다 홀딩스 매출액 내역〉 도표를 살펴봅시다.

● **코메다 홀딩스 매출액 내역** ....

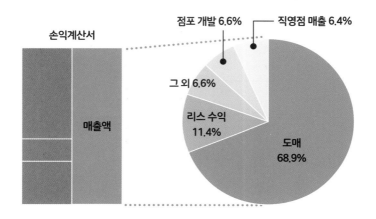

매출 내역을 살펴보면 주요 수익원은 바로 도매 수입입니다. 그다음이 리스 수익인데, '로열티 수입'이라는 항목은 찾아볼 수조차 없습니다. 여기에 코메다의 영업 비밀이 숨겨져 있습니다.

코메다는 프랜차이즈 가맹점에 커피 원두 같은 상품을 도매로 납품하는 것이 주요 수익원입니다. 즉 원가율이 높고 판매관리비가 상대적으로 작습니다. 그래서 마치 소매업과 유사한 형태의 손익계산서를 확인할 수 있습니다. 코메다의 프랜차이즈는 가맹점이 본사에 로열티를 거의 내지 않는 상생 형태이므로, 매출액 내역에서 로열티 항목은 찾아볼 수 없습니다.

● **코메다 홀딩스 비즈니스 모델**

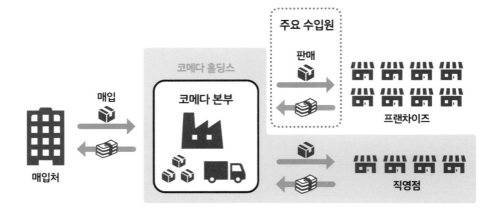

● **각 기업의 주요 판매처**

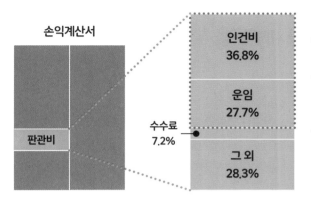

손익계산서

판관비

인건비
36.8%

운임
27.7%

수수료
7.2%

그 외
28.3%

• 인건비와 운임이 판관비 중심

• 대부분 가맹점이기 때문에
  점포관리 비용도 크지 않음

• 도매업에 가까운 형태의
  손익계산서

긴자 르누아르와 도토루 커피는 일반 소비자를 대상으로 하는 카페 비즈니스인데 비해, 코메다는 프랜차이즈 가맹점을 대상으로 하는 B2B 비즈니스입니다. 그러다 보니 미리 판매처가 정해져 있고, 매장을 신규 확장하고 관리하는 영업 인력도 따로 필요하지 않습니다. 게다가 매장에서 쓰는 수도광열비도 따로 들어가지 않아서, 다른 두 회사에 비해 판매관리비가 상당히 낮게 나타납니다.

Column 2

조조타운의 사장은
왜 세뱃돈을 뿌릴까?

주식회사 조조(ZOZO)는 일본 최대의 온라인 패션 의류 쇼핑몰인 조조타운(ZOZO TOWN)의 운영사입니다. 이 회사의 전 대표인 마에자와 유사쿠는 일본의 억만장자이자 '괴짜 부호'로 알려져 있습니다. 그는 2021년 3월에 자신의 달 여행(일론 머스크의 스페이스X 소속 우주선 '스타십'으로 2023년에 예정됨-옮긴이)에 함께할 동반자를 모집하기도 했습니다.

마에자와 유사쿠는 2020년 초에도 '괴짜 부호'에 어울리는 행보를 보였습니다. '#마에자와세뱃돈'이라는 이벤트를 열어서 100명에게 100만 엔(합계 1억 엔)을 선물하겠다고 발표해 화제에 올랐습니다.

이렇게 엄청난 부를 지닌 마에자와 유사쿠는 임원 보수를 얼마나 받을까요? 2018년에 올라온 유가증권보고서를 살펴보니, 2018년 4분기 임원 보수가 1.8억 엔이라고 기재되어 있습니다. 임원 보수로 세뱃돈을 뿌렸다면, 그래도 8천만 엔이 남네요!

 수입이 1.8억 엔인데, 1억 엔이나 되는 세뱃돈을 뿌려도 괜찮아요?

사실 마에자와 유사쿠는 임원 보수 외에도 또 다른 수입원이 있습니다. 바로 배당금입니다.

배당금은 주식을 보유한 만큼 주주에게 지급하는 금액입니다. 마에자와 유사쿠는 조조(ZOZO)의 경영자 겸 주주입니다. 야후가 조조의 주식을 매수하기 전에는 1억 주가 넘는 주식을 보유했습니다.

2018년 4분기 기준으로 마에자와 유사쿠의 배당금은 1주당 24엔 정도입니다. 계산을 해보면 마에자와 유사쿠는 24억 엔이 넘는 배당금을 받았다는 사실을 알 수 있습니다. 게다가 마에자와 유사쿠는 야후에 조조의 주식을 거의 전부 매각했기 때문에 더욱 많은 수입을 얻었겠지요.

　단순 계산을 하긴 했지만, 생각해보면 일반인으로서는 상상하기도 어려운 수준의 금액입니다. 마에자와 유사쿠가 매년 세뱃돈을 뿌려도 전혀 문제가 없어 보일 정도입니다. 보도된 바에 따르면 "내년에는 더 뿌리겠다!"라고 했다는데, 정말 기대되네요!

Chapter 2

3

[소매업]
기업 성장 동력을 파악하자

기업이 힘을 쏟는 부분이 어디인지 파악하자

세 번째 문제는 '초저가의 전당'으로 익숙한 돈키호테, 그리고 소매업의 강자 코스트코를 다룹니다. 이번에는 지금까지 풀어본 문제와 비교하면 쉽게 풀 수 있을 겁니다. 그럼 다음에 나오는 문제를 볼까요?

 코스트코의 손익계산서는 어느 것일까요?

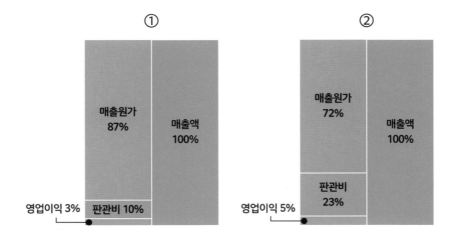

● **팬 퍼시픽 인터내셔널 홀딩스**(Pan Pacific International Holdings Corporation)

일본 최대 규모의 할인점 '돈키호테' 등을 운영한다.

● **코스트코**(Costco)

회원제 창고형 매장을 전 세계에서 운영 중이다.

단가와 판관비 크기로 생각해보기

 지금까지 나온 문제들과 비교하면 이번에 나온 두 회사는 손익계산서 형태가 거의 비슷하네요.

 손익계산서만 보면 딱히 힌트를 찾기 어렵네요. 돈키호테와 코스트코는 어떤 점이 다를까요?

 가끔 친구랑 코스트코에 가는데, 거기는 회원제잖아요. 그래서 일반적인 대형 슈퍼와는 달리 연회비 수입이 있으니 이익을 내기 쉽겠다는 생각이 들었어요. 그래서 ②번이 코스트코가 아닐까 싶은데요.

 그렇네요. 그렇지만 코스트코는 회원으로 가입하면 거의 원가에 가까운 가격으로 물건을 살 수 있잖아요.

 그렇네요···. 음? 그러면 코스트코는 원가가 높은 ①번일 가능성도 있지 않을까요?

 영업시간은 어떤가요?

 돈키호테는 24시간 영업하는 매장이 많아요. 인건비나 수도광열비 같은 판관비가 많이 들지 않을까요? 그래서 저는 ②번이 돈키호테일 것 같아요.

그럼 24시간 영업하는 돈키호테는 판관비가 크니까 ②번, 연회비 수입이 있는 대신 원가에 가까운 가격으로 상품을 판매하는 코스트코는 원가율이 높으니 ①번이라는 얘기네요. 회계곰, 어때요?

 정답! ①번이 코스트코입니다!

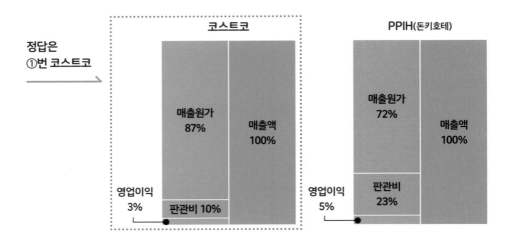

코스트코는 제조사에서 상품을 직접 저렴한 가격으로 매입하여 판매합니다. 코스트코 고객은 매년 연회비를 내면, 원가에 가까운 저렴한 가격으로 상품을 구매할 수 있습니다.

다음에 나오는 〈코스트코 비즈니스 모델 ③〉 도표를 봅시다. 도표에서 코스트코의 영업이익 내역을 살펴보면, 영업이익 중 70%를 연회비에서 얻습니다. 그러므로 연회비 수입이 사라지면 이익을 낼 수 없습니다.

결국 코스트코는 회원 증가가 이익 증가로 직결되는 겁니다. '코스트코의 회원을 얼마나 유치할 수 있는가?'가 코스트코 비즈니스의 핵심입니다.

·······································

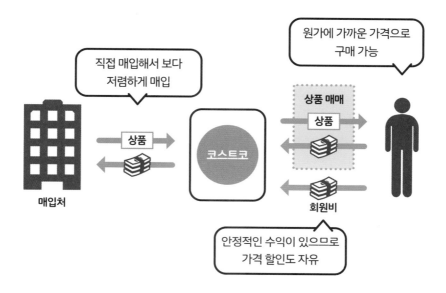

● 코스트코 비즈니스 모델 ② ·······································

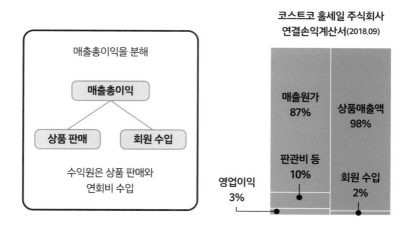

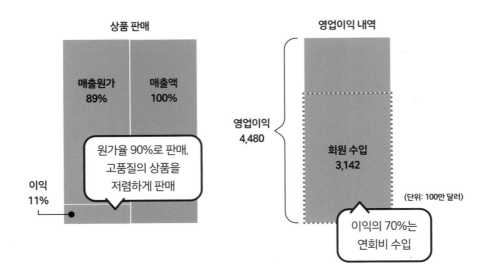

예를 들어 항구 같은 곳에 가면 입장료만 내면 술을 원가에 가까운 가격으로 마시는 '원가 BAR' 같은 곳이 많습니다. 코스트코도 이러한 '원가 BAR'와 비슷합니다. '원가 BAR'가 입장료로 수익을 내는 비즈니스이듯이, 코스트코는 상품의 판매량보다 고객이 얼마나 입장했는지가 성공의 열쇠입니다.

이번에는 돈키호테를 살펴봅시다. '돈키호테' 하면 내부를 상품으로 가득 메운 압축 진열 시스템이 떠오르겠지요. 매장에서 보물찾기하는 즐거움을 연출하면서, 고객이 상품과 직접 맞닿는 기회를 늘려 매출을 끌어냅니다. "롤렉스에서 화장실 휴지까지"라는 문구처럼, 돈키호테에서는 없는 게 없다는 말이 과언이 아닐 정도로 엄청난 상품 가짓수를 자랑합니다. 문자 그대로 '뭐든지 다 파는 할인점(Full-lineup Discount Store)'이 목표이기도 합니다.

〈돈키호테의 기본 전략〉 도표를 보면 알 수 있듯이 돈키호테의 매출은 식품

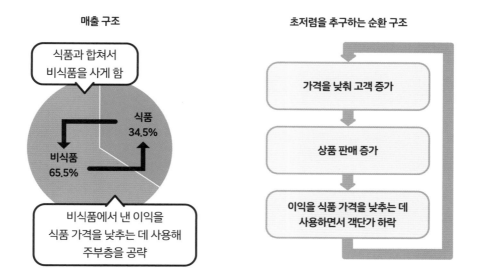

매출 구조

식품과 합쳐서
비식품을 사게 함

식품
34.5%

비식품
65.5%

비식품에서 낸 이익을
식품 가격을 낮추는 데 사용해
주부층을 공략

초저렴을 추구하는 순환 구조

가격을 낮춰 고객 증가

상품 판매 증가

이익을 식품 가격을 낮추는 데
사용하면서 객단가 하락

34.5%, 비식품 65.5%로 구성되어 있습니다. 특히 식품은 '초저렴의 전당'이라는 이름에 걸맞은 저렴한 가격으로 판매하고 있습니다. 그리고 낮은 가격 덕분에 식품 부문의 원가율은 83.1%라는 매우 높은 수준을 기록합니다.

그럼 어떻게 이익을 내는 걸까요? 간단합니다. 정답은 '초저렴을 지향하는 순환 구조'에 있습니다.

식품 가격을 낮추면 객단가는 하락하지만, 저렴한 가격 덕분에 고객이 늘어납니다. 그리고 고객 수에 맞춰 상품의 전체 판매 수량이 증가합니다. 여기서 얻은 이익을 식품 가격을 낮추는 데 다시 사용하는 식으로 순환이 일어납니다. 동시에 원가율이 높은 식품과 비식품을 사게 하면서, 비식품에서 얻은 이익을 식품 가격을 낮추는 데 사용하면서 주부층을 공략합니다.

● **돈키호테의 각종 경영 지표 추이**

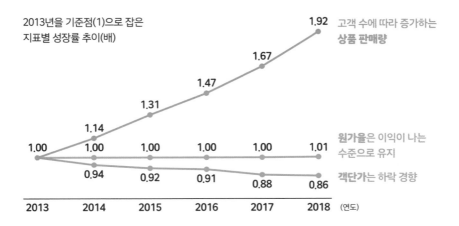

2013년을 기준점(1)으로 잡은
지표별 성장률 추이(배)

1.92 고객 수에 따라 증가하는 **상품 판매량**

1.67

1.47

1.31

1.14

1.00   1.00   1.00   1.00   1.00   1.01   **원가율**은 이익이 나는 수준으로 유지

0.94   0.92   0.91   0.88   0.86   **객단가**는 하락 경향

2013   2014   2015   2016   2017   2018 (연도)

● **PPIH(돈키호테)의 연결손익계산서**

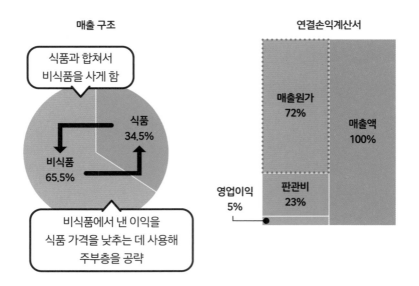

매출 구조

식품과 합쳐서
비식품을 사게 함

식품
34.5%

비식품
65.5%

비식품에서 낸 이익을
식품 가격을 낮추는 데 사용해
주부층을 공략

연결손익계산서

매출원가
72%

매출액
100%

영업이익
5%

판관비
23%

돈키호테의 실제 경영 지표 추이를 한번 살펴봅시다(〈돈키호테의 각종 경영 지표 추이〉 도표). 고객 수가 증가하면서 상품의 판매량도 늘어납니다. 하지만 원가율은 일정한 수준을 유지하여 객단가는 하락하는 경향을 보입니다.

코스트코는 상품 판매와 연회비 수입으로 이익을 확보하는데, 이때 상품 가격은 거의 원가에 가깝습니다. 그러므로 원가율이 높아집니다. 그래서 상품을 얼마나 판매했냐보다 회원을 몇 명이나 늘렸는지가 중요합니다. 반면에 돈키호테는 상품 판매만 하고 있습니다. 저렴한 가격을 내세워 고객 숫자를 늘리고, 그로 인해 얻은 이익은 다시 가격을 낮추는 데 쓰는 것이 경영방침입니다.

이처럼 손익계산서를 통해서 각 기업의 성장방식까지 파악할 수 있습니다.

4

[의류]
이익률은 어떻게 변할까요?

상품과 매장 설계도 손익계산서에 나타난다

드디어 2장에서 다루는 손익계산서의 마지막 문제입니다. 이번 테마는 의류 업계입니다.

이번에 다룰 회사는 총 3곳입니다. 자라(ZARA) 브랜드로 의류 업계 전 세계 매출 1위를 자랑하는 '인디텍스', 의류 업계 매출액 일본 1위인 '패스트리테일링', 그리고 2위인 '시마무라'입니다.

같은 업계라도 이익에 영향을 주는 포인트는 서로 다르다는 사실이 이번에 다룰 주제입니다. 2장의 마지막 문제를 한번 살펴볼까요?

 패스트리테일링 손익계산서는 다음 중 어느 것일까요?

①   ②   ③

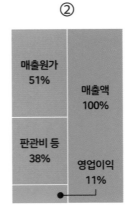
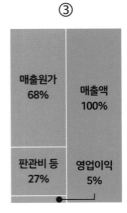

이번 장에서 다룰 기업

● **패스트리테일링**(Fast Retailing)

연간 매출액 2조 엔에 도달한 '유니클로'를 운영 중이다.

● **인디텍스**(Inditex)

전 세계 93개국에 약 7천 개 점포를 가진 '자라(ZARA)' 브랜드를 운영중이다.

● **시마무라**(Shimamura)

매입과 판매까지 담당하여 저렴한 가격으로 운영하는 것이 강점이다.

● **기업별 비즈니스 모델 차이 ①**

SPA: 자사에서 직접 기획 및 생산	매입 판매
● **패스트리테일링**: 베이직 캐주얼 SPA ● **인디텍스**: 트렌드 패션 SPA	● **시마무라**: 할인 매입 모델

 문제를 풀기 전에 우선 〈기업별 비즈니스 모델 차이 ①〉 도표를 봐주세요. SPA 모델은 재무상태표 부분에서도 다뤘습니다. 하지만 이번에 등장하는 세 회사 중에서 패스트리테일링과 인디텍스는 자사에서 직접 기획부터 생산까지 담당하는 SPA 모델을 채택한 회사들입니다. 그에 비해 시마무라는 매입 판매를 하는 기업이고요. 이런 점을 고려해서 어떤 것이 패스트리테일링의 손익계산서인지 생각해보세요.

원가율을 보고 생각하기

 음, SPA와 매입 모델을 비교하면 매입 쪽이 원가가 높을 것 같은데요?

 그렇네요. 판매를 대행하거나 도매상처럼 중간에 끼어 있는 사람들의 이익(중간이윤)이 있는 상태에서 상품을 매입하기 때문에 원가가 커지겠죠.

 그렇다면 ①번이나 ②번과 비교해서 원가율이 꽤 높을테니, ③번이 시마무라겠네요.

상품의 특징을 보고 생각하기

 ①번과 ②번은 어떨까요?

 이건 그냥 제가 느낀 건데, 유니클로와 자라(ZARA)는 상품의 유통기한이 서로 다른 것 같아요. 자라는 패스트 패션이라 트렌드를 반영한 상품이 많고요. 유니클로도 물론 패스트 패션이기는 하지만, 예를 들어 히트텍이나 후리스 같은 건 10년 전 옷이라도 딱히 유행을 타지 않거든요. 다시 말하자면 자라의 옷은 유통기한이 짧지만, 유니클로 옷은 유통기한이 긴 것 같아요.

 재미있는 분석이네요. 저도 비슷한 의견인데, 유니클로는 유행을 타지 않는 상품 라인업이 많으니 상품을 한꺼번에 대량으로 생산할 것 같아요. 그렇게 되면 원가율이 낮아질 테니 자라보다 매출원가는 낮아지지 않을까요?

 아무래도 트렌드를 반영한 아이템을 만든다면, 유행이 지나 팔리지 않고 남은 재고를 떠안지 않으려고 대량생산은 하지 않겠네요.

 ①번과 ②번, 둘을 비교하면 ②번이 원가율이 높네요. 그럼 이게 자라일까요?

 그럼 ①번이 패스트리테일링이겠네요!

아닙니다!

 엥?

 정답은 ②번입니다!

정답은 ②번
패스트리테일링
→

● **기업별 비즈니스 모델 차이 ②** ....

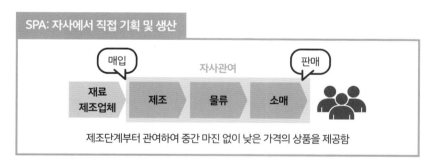

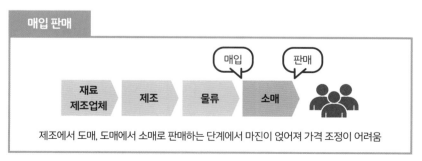

매입 판매 모델과 SPA 모델의 비교

앞에 문제를 푸는 과정에서 SPA와 매입 모델을 비교해서 ③번이 시마무라라고 찾아낸 부분까지는 맞았습니다.

두 모델 중 매입 판매 모델이 SPA 모델보다 이익률이 낮습니다. 상품을 들여오기까지 여러 단계를 거치는데, 각 단계마다 마진(이윤)이 얹어지므로 저렴하게 팔기는 어렵습니다. 또한 매입 판매 모델은 잘 팔리는 상품을 골라서 매입해오는 바이어의 능력이 중요합니다.

이번에 다룰 SPA 모델의 두 회사는 애초에 상품을 파는 타깃이 다르다는 사실을 눈치채셨나요? 패스트리테일링(유니클로)은 다양한 고객을 상대로 범용성이 높은 옷을 제공합니다. 그에 비해 인디텍스(자라)는 트렌디한 패션에 관심이 많은 고객에게 옷을 제공합니다.

● **유니클로의 모토**

라이프웨어는 다양한 사람들의 생활을 더욱 풍요롭게 만들기 위한 옷입니다.
미의식은 물론 합리성을 추구하며, 심플하면서도 높은 품질, 세세한 부분까지 고려했습니다.
생활 속에서 필요했던 옷에서 시작해서 끊임없이 진화하는 캐주얼 웨어입니다.

■ 평소 생활 속에서 입고 싶었던 옷
■ 세세한 부분까지 신경 쓴 옷
■ 심플하면서도 완성도 높은 옷
■ 변화를 먼저 느끼고 진화하는 옷
■ 다양한 사람들을 위한 높은 품질의 옷

주요 상품은 기능성이 높은 라이프웨어로 제공
트렌드의 변화가 빠른 패스트 패션보다도 유통기한이 길고 타깃도 넓음

● 유니클로 판매전략: 상품제안형 ①

유니클로 소비자의 특징

청바지를
사야지

청바지 코너에는 사이즈나 색깔 별로
제품이 쌓여 있음

● 유니클로 판매전략: 상품제안형 ②

유니클로 소비자의 특징

청바지를
사야지

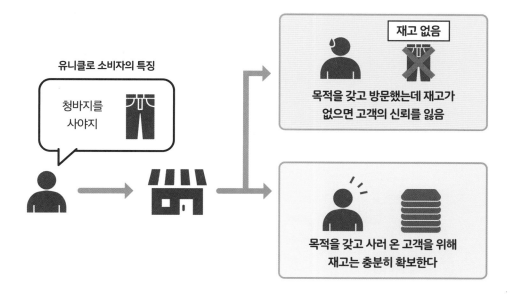

재고 없음

목적을 갖고 방문했는데 재고가
없으면 고객의 신뢰를 잃음

목적을 갖고 사러 온 고객을 위해
재고는 충분히 확보한다

유니클로는 기능성이 높은 의류를 제공하고 있습니다. 즉 유통기한이 긴 옷을 판매한다는 뜻입니다. 일반 대중들에게도 이러한 사실은 잘 알려져서, 고객 대부분은 유니클로에 갈 때 특정 제품을 목표로 합니다.

예를 들어 '청바지를 사야지' '히트텍을 사야지' 같은 식입니다. 바로 목적에 따른 구매입니다.

이러한 생각에 맞추어 쇼핑할 수 있도록 유니클로에서는 상품마다(예를 들면 청바지는 청바지끼리 모아놓고, 히트텍은 히트텍끼리 모아놓기) 전용 코너를 운영합니다. 고객들이 만약 특정 목적을 갖고 유니클로를 방문했는데 재고가 품절되어 상품을 구매하지 못한다면, 사람들의 유니클로에 대한 신뢰도가 떨어집니다. 그래서 유니클로는 재고도 대량으로 보유합니다.

다음은 자라(ZARA) 브랜드를 운영하는 인디텍스를 살펴봅시다.

우선 유니클로를 운영중인 패스트리테일링을 살펴보죠. 유니클로는 베이직한 아이템이 많아서 범용성도 높고 계절에 상관없이 꾸준하게 팔립니다. 그래서 대량생산이 가능하지만, 그만큼 할인해서 재고 처분도 자주 하는 편입니다. 예를 들어 일

● **자라의 모토: 트렌드 패션 제공**

빠르게 소비기한이 짧은 패스트 패션을 판매하고, 신제품으로 계속 교체하는 전략

본에서는 매주 금요일이면 꼭 신문에 유니클로 전단지가 들어 있을 정도죠. 아니면 유니클로 매장을 지나다가도 봤을 겁니다.

반면에 인디텍스의 자라는 유통기한이 짧은 패스트 패션입니다. 자라의 상품은 소비기한이 짧으며, 손님을 끌어모으는 상품을 재빠르게 판매하고 신제품으로 계속해서 교체하는 전략을 사용합니다. 또한 패스트 패션이다 보니, 가능한 한 적은 양을 생산하면서 재고가 남지 않도록 조절합니다. 그래서 인디텍스의 상품은 할인 판매를 별로 하지 않는 점이 특징입니다.

● **자라 판매전략: 스타일 제안형 ①** ....

항상 최신 패션을 매장 전면에 배치해서 고객에게 트렌드를 제안하는 스타일

● **자라 판매전략: 스타일 제안형 ②** ....

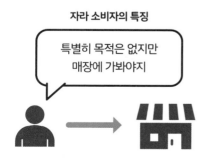

자라 소비자의 특징

특별히 목적은 없지만 매장에 가봐야지

매장에서 최신 트렌드를 제안한다

자라에 오는 고객들은 특별한 목적 없이 매장을 방문합니다. 자라 매장 안에는 코디를 제안하는 공간이 있는데, 고객들은 이곳에서 새로운 코디 아이디어를 얻거나 신제품을 보게 됩니다. 이로 인해 방문객은 특별한 목적 없이 매장에 들렀다가 마음에 드는 제품을 구매할 가능성이 있습니다.

패스트리테일링의 유니클로는 대량으로 재고를 쌓아둡니다. 반면에 인디텍스의 자라는 상품 종류가 많아서 아주 니치한 제품도 팔리기 때문에 재고는 소량만 준비합니다. 데이터를 살펴보면 패스트리테일링의 재고자산 회전기간은 2018년 기준으로 157일입니다(《패스트리테일링 재고자산과 재고자산 회전기간 추이》 도표). 이는 상품이 매장에 들어와서 고객이 구매하기까지 157일이 걸림을 의미합니다.

여기서 잠깐, 재고자산 회전기간에 대해 보충 설명을 하겠습니다. 재고자산 회전기간이란 상품을 보유하고 나서 판매하기까지 얼마나 시간이 걸리는지 확인하는 지표입니다. 이는 회전기간이 짧을수록 판매가 빨리 일어나고, 회전기간이 길수록 판매하기까지 오랜 시간이 걸린다는 뜻입니다.

기본적으로 재고자산 회전기간은 짧으면 짧을수록 좋다고 볼 수 있습니다. 예를 들면 이런 식입니다. "이 상품이 예전에는 정말 잘 팔렸는데, 요즘에는 회전율이 떨어지네(=트렌드에 뒤처짐)." 여러 가지 상품을 판매하는 기업에서는 이런 식으로 판매가 잘 되는 상품과 그렇지 않은 상품을 파악하는 중요 지표로 쓰입니다.

다시 본론으로 돌아갑시다.

기업 입장에서 재고가 많으면 많을수록 기간 내에 판매하지 못하고 끝내 폐기해야 하는 리스크를 떠안게 됩니다. 매장 면적에도 한계가 있기 때문이지요. 그러므로 제품의 유통기한이 길더라도 고객을 끌어들이기 위해, 주기적으로 새로운 상품으로

● 재고의 차이: 패스트리테일링 vs 인디텍스

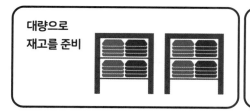

대량으로
재고를 준비

팔리는 만큼만
재고를 준비

● 패스트리테일링 재고자산과 재고자산 회전기간 추이

재고자산 4,648억 엔
재고자산 회전기간 157일

상품 종류 증가와 점포 확대에 따라
재고자산 회전기간은 매년 증가 추세

65 51 58 44 59 57 66 73 67 79 69 86 80 105 119 114 107 111 157

2000 2001 2002 2003 2004 2005 2006 2007 2008 2009 2010 2011 2012 2013 2014 2015 2016 2017 2018 (연도)

● 재고자산 회전기간의 정의 ①

재고자산 회전기간: 상품을
보유하고 나서 판매하기까지 어느 정도
기간이 필요한지 확인하는 지표

(업무상 과잉재고나 남은 재고의 존재를
확실하게 하는 경우가 많음)

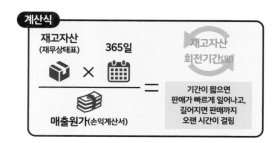

계산식

재고자산
(재무상태표)

365일

재고자산
회전기간(일)

매출원가 (손익계산서)

기간이 짧으면
판매가 빠르게 일어나고,
길어지면 판매까지
오랜 시간이 걸림

● 재고자산 회전기간의 정의 ②

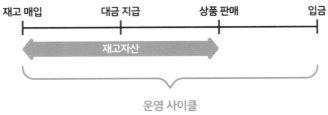

재고 매입　　대금 지급　　상품 판매　　입금

재고자산

운영 사이클
조달, 제조, 물류, 판매가 연결됨

● 이익률 차이: 페스트리테일링 vs 인디텍스

패스트리테일링

매출원가
51%

매출액
100%

매출총이익
49%

재고를 대량으로 보유하고
자주 할인을 하므로 이익률은 악화 추세

인디텍스

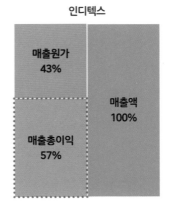

매출원가
43%

매출액
100%

매출총이익
57%

팔리는 만큼만 재고가 있으므로
이익률은 매우 높음

교체해야 합니다. 그래서 패스트리테일링의 유니클로에서는 정기적으로 할인 판매를 진행합니다.

가격을 할인해서 판매가 늘어난다고 해도, 상품의 원가는 변하지 않습니다. 왜냐하면 이미 생산이 완료되었기 때문입니다. 할인 판매를 하면 매출액이 낮아져 이익률은 떨어집니다. 그러므로 인디텍스의 자라와 비교하면 유니클로는 할인을 자주 하므로 이익률이 낮습니다.

Chapter 3

~~~~~~~~~~

현금흐름표란 무엇일까?

Chapter 3

현금흐름표란 무엇일까요?

현금흐름표와 흑자도산

현금흐름표란 쉽게 말하면 기업의 현금과 예금이 얼마나 증감했는지 계산해서 보여주는 서류입니다. 영어로는 *Cash Flow Statement*라고 하고 줄여서 C/S라고 합니다.

혹시 '흑자도산'이라는 말을 들어본 적이 있으신가요?

기업 입장에서는 이익이 났는데도 현금흐름이 부족해지는 일이 있습니다. 현금이 없어 매입 대금을 지급하지 못해 도산에 이르는 것이죠. 이게 바로 흑자도산입니다.

예를 들어 고객이 대금을 신용카드로 지급한 경우를 봅시다. 손익계산서의 매출과 이익에는 지급 시기가 기재되는데, 대금을 신용카드로 지급했기 때문에 회사에는 현금이 뒤늦게 들어옵니다. 물론 회사에 따라서 상황은 각기 다를 겁니다. 하지만 전부 카드매출이라면 한 달 가까이 매출은 나왔어도 현금 수입은 전혀 없는 상태가 이어지기도 합니다.

게다가 그전에 매입 대금을 지급할 일이 생겨도 현금이 없으면 돈을 낼 수 없습니다. 그래서 결국 신용을 잃게 되어 도산에 이릅니다. 손익계산서에는 이익으로 나타나는데도 현금이 부족한 상태에 빠지게 되는 겁니다.

이를 피하려면 현금예금이 얼마나 남았는지 항상 파악해야 합니다. 투자 판단 시에도 회사 자금이 제대로 굴러가고 있는지 파악하는 것도 중요한 정보입니다.

이미 눈치채셨겠지만, 이러한 내용을 파악하기 위한 자료가 바로 현금흐름표입니다.

기업의 3가지 활동

기업의 활동은 크게 영업활동, 투자활동, 재무활동으로 나눌 수 있습니다. 현금흐름표는 기업이 얻은 수입에서 외부로 나가는 지출을 제하고, 손에 남은 자금(현금)을 계산한 것입니다.

● **현금흐름표의 실물과 그림**

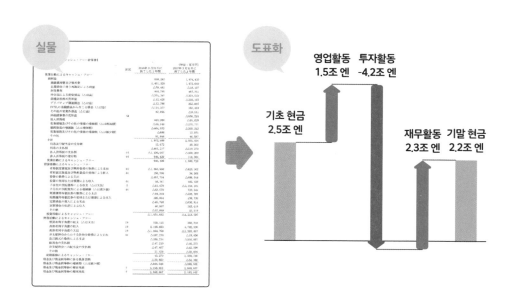

〈현금흐름표의 실물과 그림〉 도표에서 왼쪽은 실제 현금흐름표(2016년도 소프트뱅크의 현금흐름표를 사용)이고, 오른쪽은 내용을 간략한 그림으로 나타낸 것입니다. 왼쪽처럼 실제 현금흐름표는 무척 세부적인 항목(계정과목)으로 나뉘어 있습니다.

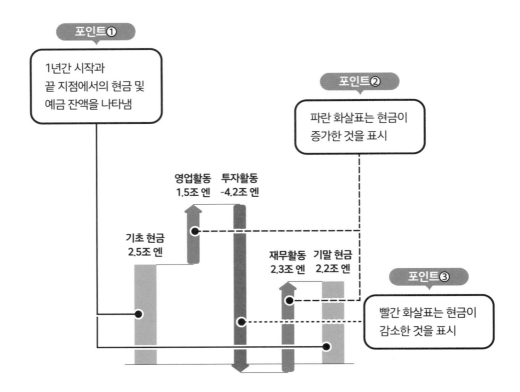

포인트①

왼쪽 막대그래프와 오른쪽 막대그래프는 1년간 시작 지점(기초)과 마지막 지점(기말)의 예금과 현금 잔액을 나타냅니다. 도표에서 왼쪽이 기초 시점, 오른쪽이 기말 시점입니다.

포인트②

파란 화살표는 영업활동, 투자활동, 재무활동 중 어떠한 활동에 따라 현금과 예금의 잔액이 늘어났다는 사실을 나타냅니다. 앞의 도표에서는 영업활동과 재무활동에 따라 현금예금이 늘어났다는 사실을 보여줍니다.

포인트③

붉은 화살표는 영업활동, 투자활동, 재무활동 중 어떠한 활동에 따라 현금 및 예금의 잔액이 줄어들었음을 나타냅니다. 앞의 도표에서는 투자활동에 따라 현금 및 예금이 줄어들었다는 사실을 보여줍니다.

〈현금흐름표의 대략적인 내용〉 도표에서는 현금흐름표의 3가지 분류를 큰 카테고리로 나누고, 각 카테고리별로 금액 크기와 그래프의 높이를 맞춰 보았습니다. 항목별로 간단하게 살펴봅시다.

● **현금흐름표의 대략적인 내용** ···

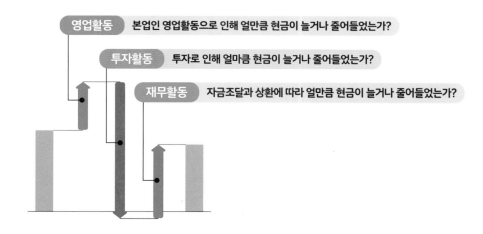

현금흐름표 관련 기업 활동은 크게 3가지로 나누며, 다음과 같습니다.

- **영업활동:** 본업인 영업활동으로 인한 현금 및 예금의 증감
- **투자활동:** 비유동자산이나 주식 등 투자에 따른 현금 및 예금의 증감
- **재무활동:** 자금조달이나 차입금 상환 등으로 인한 현금 및 예금의 증감

그러면 활동마다 어떠한 항목들이 포함되는지 살펴봅시다.

영업활동으로 인한 현금흐름

● **영업활동에 따른 현금흐름 ①**

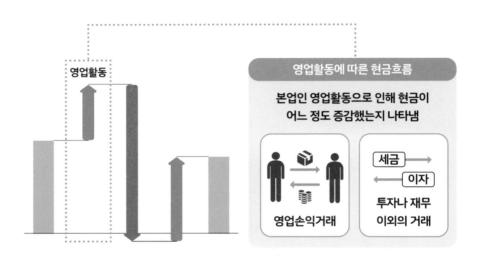

영업활동으로 인한 현금흐름은 기업의 영업활동으로 인해 유입, 유출된 현금흐름을 기재합니다. 예를 들어 상품을 판매하여 들어온 현금, 재료를 매입할 때 지급한 현금, 광고선전비처럼 판관비 지급에 사용한 현금 등이 해당합니다. 또한 영업활동을 구분하기 위해 세금 비용이나 재해에 따른 보험금 수취 등 투자활동이나 재무활동에 해당하지 않는 계정도 기재합니다.

영업활동으로 인한 현금흐름은 3가지 항목 중에서도 특히 중요합니다. 본업으로 인해 얻은 현금 및 예금의 수입과 지출을 나타냅니다. 이 부분이 흑자인지 아닌지가 이익보다 중요한 때가 있습니다.

영업활동에 따른 현금흐름 읽는 법

● 영업활동에 따른 현금흐름 ②

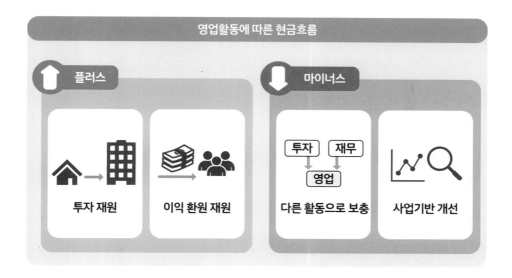

① 영업활동으로 인한 현금흐름이 플러스인 상태

영업활동으로 인한 현금흐름이 플러스라면 본업을 통해 현금 및 예금이 잘 굴러가며, 순조로운 상태라고 볼 수 있습니다. 그리고 영업활동으로 인한 현금흐름이 남는만큼 투자활동의 재원으로 충당하거나, 주주에게 이익을 돌려주는 재원으로 쓸 수있습니다.

② 영업활동으로 인한 현금흐름이 마이너스인 상태

영업활동으로 인한 현금흐름이 마이너스라면 다른 투자활동이나 재무활동을 통해부족한 부분을 보충해야 합니다. 영업활동으로 인한 현금흐름이 계속해서 마이너스 상태라면, 사업을 빠르게 개선할 필요가 있습니다. 투자활동이나 재무활동만으로는 부족한 부분을 채워 넣기 어렵기 때문입니다.

투자활동으로 인한 현금흐름

● **투자활동에 따른 현금흐름 ①**

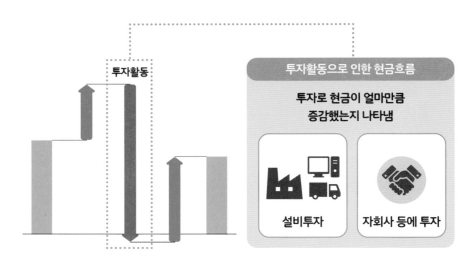

투자활동으로 인한 현금흐름은 기업의 투자활동으로 인해 유입 또는 유출된 현금흐름을 기재합니다. 투자를 진행해서 현금을 지급했다면 마이너스가 되고, 설비나 주식을 매각하여 현금을 받았다면 플러스로 기재합니다.

다만 투자활동으로 인한 현금흐름이 마이너스라고 해서 무조건 나쁜 것은 아닙니다. 영업활동이나 재무활동에 따라 유입된 현금을 투자하여 사업확대를 목표로 하는 움직임이 있는지 파악하는 것이 중요합니다.

투자하지 않는 기업은 성장하지 못하고 현상 유지 상태에서 끝나고 맙니다. 그래서 기업은 기본적으로 투자할 필요가 있습니다. 이 사실을 뒤집어 생각하면, 투자활동으로 인한 현금흐름이 큰 폭으로 플러스를 기록하는 회사는 사업을 축소하려고 한다는 사실을 파악할 수 있습니다(이후에 분석 패턴을 소개하겠습니다).

이렇듯 투자활동으로 인한 현금흐름을 읽으면 기업의 투자방침 같은 경영방침을 추측해볼 수 있습니다.

투자활동에 따른 현금흐름 읽는 법

● **투자활동에 따른 현금흐름 ②**

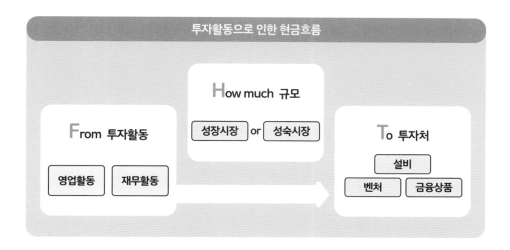

투자활동으로 인한 현금흐름 중 특히 주목해야 할 부분은 다음과 같습니다.

- 투자 재원은 어디에서 조달하는가?
- 투자처는 어디인가?
- 투자할 시장은 어떠한 단계에서 어떠한 수준으로 투자를 하고 있는가?

예를 들어 매장이 있는 기업이라면 영업활동으로 얻은 자금을 성숙시장의 설비에 투자할 수 있습니다. 실제 기업 사례를 찾아보면, 소프트뱅크는 재무활동으로 얻은 현금을 성장시장에서 유망한 벤처기업에 투자했습니다. 일본 최대 온라인 광고 대행사 사이버에이전트는 영업활동으로 얻은 현금을 성장속도가 빠른 시장의 신규 사업에 투자합니다.

두 사례 모두 성장시장에 자금을 투자한다는 점은 같습니다. 하지만 소프트뱅크는 재무활동에서, 사이버에이전트는 영업활동에서 자금을 얻는다는 부분이 서로 다릅니다.

재무활동으로 인한 현금흐름

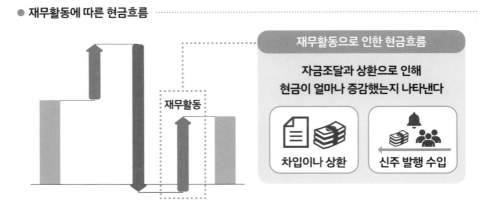

재무활동으로 인한 현금흐름은 매우 간단합니다. 기업이 주식이나 차입금을 통해 자금을 조달할 때 조달과 상환 상황을 기재합니다.

재무활동으로 인한 현금흐름은 자금을 조달해서 현금 및 예금이 늘어나면 플러스, 줄어들면 마이너스입니다. 기업이 상장할 때 재무활동으로 인한 현금흐름이 급격하게 커지는 경우가 많습니다. 상장 시점에 일반 투자가로부터 수십억, 수백억 엔에 이르는 자금을 조달할 수 있기 때문입니다.

참고로 한국은 한국거래소가 운영하는 기업공시 사이트(https://kind.krx.co.kr/)에서 신규 상장기업 리스트를 확인할 수 있습니다. 회사가 상장한 후 1년이 지난 다음, 보고서에서 상장 당시 재무활동으로 인한 현금흐름을 살펴보면 숫자가 급격하게 늘어난 사실을 확인할 수 있습니다.

현금흐름표 정리

● 3가지 활동을 통한 숫자의 뜻

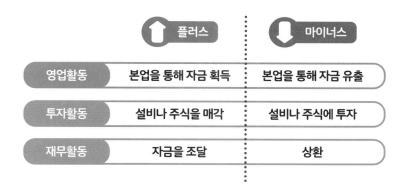

	⬆ 플러스	⬇ 마이너스
영업활동	본업을 통해 자금 획득	본업을 통해 자금 유출
투자활동	설비나 주식을 매각	설비나 주식에 투자
재무활동	자금을 조달	상환

① 현금흐름표는 현금 및 예금의 움직임을 살펴볼 수 있는 표이다.

② 영업활동, 투자활동, 재무활동으로 나누어 파악한다.

③ 영업활동으로 인한 현금흐름은 본업인 사업을 통해 현금 및 예금이 얼마나 증감했는지 나타낸다.

④ 투자활동으로 인한 현금흐름은 비유동자산이나 주식 등 투자로 인해 현금 및 예금이 얼마나 증감했는지 나타낸다.

⑤ 재무활동으로 인한 현금흐름은 차입이나 투자 등 자금조달로 인해 현금 및 예금이 얼마나 증감했는지 나타낸다.

⑥ 현금흐름표는 흑자도산에 빠지지 않기 위해서 중요한 항목인 현금 및 예금의 움직임을 확실히 파악할 수 있다.

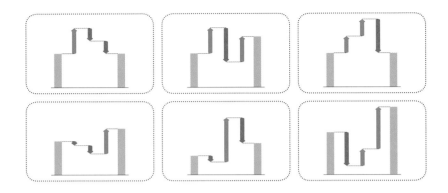

절대적인 것은 아니지만, 3가지 현금흐름이 어떤 조합을 이루느냐에 따라 회사가 어떤 상황인지 파악할 수 있기도 합니다. 지금부터 현금흐름표를 활용해서 간단한 재무분석에 도전해봅시다. 총 6가지 현금흐름표 패턴이 있습니다.

● ①건전형 현금흐름표

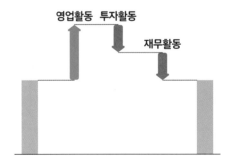

〈①건전형 현금흐름표〉는 기업이 갖춰야 할 모습 중 한 가지입니다. 본업에서 얻은 자금을 투자하거나 차입금을 갚는 데 쓰고 있습니다.

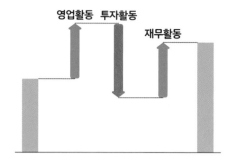

〈②적극형 현금흐름표〉는 사업을 확장하는 기업에서 많이 볼 수 있습니다. 본업에서 얻은 자금을 투자로 돌리고, 부족한 부분은 차입금 등으로 보충하고 있습니다.

● ③개선형 현금흐름표

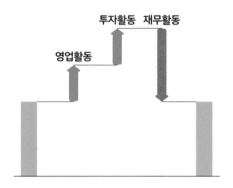

〈③개선형 현금흐름표〉는 사업을 축소하려는 기업에서 흔합니다. 본업에서 얻은 자금은 물론, 비유동자산을 매각하여 얻은 자금 등을 활용하여 차입금을 상환하는 상태입니다. 투자활동이 이루어지지 않아 사업이 축소 중임을 알 수 있습니다.

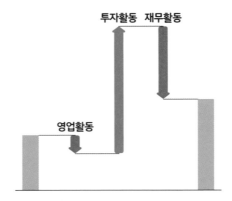

　〈④쇠퇴형 현금흐름〉표는 사업이 쇠퇴하는 기업에 많이 보입니다. 본업에서 자금이 빠져나가고 비유동자산 등의 매각 자금을 차입금 상환에 쓰는 상태입니다.

● ⑤승부형 현금흐름표

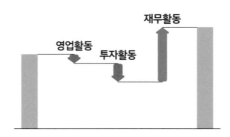

　〈⑤승부형 현금흐름표〉는 자금순환이 좋지 못한 기업에서 흔히 볼 수 있는 유형입니다. 본업에서 자금이 빠져나가서 차입금 등으로 조달한 자금을 투자하는 상태입니다. 벤처기업에서 이러한 형태를 자주 볼 수 있습니다.

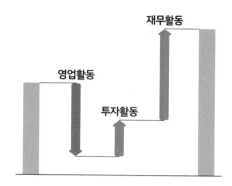

〈⑥구제형 현금흐름표〉는 상당히 위험한 상태에 놓인 기업에서 흔히 볼 수 있는 현금흐름입니다. 본업을 통해 자금이 빠져나가는 상황이며, 비유동자산 등을 매각해도 자금이 부족해서 추가로 차입하는 상태입니다. 도시바의 2016년 현금흐름표가 바로 이러한 형태였습니다.

● 도시바의 2016년 현금흐름표

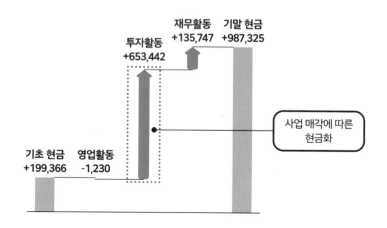

도시바는 2016년에 분식회계와 구조조정 등으로 연일 뉴스에 이름이 오르내렸습니다. 당시 도시바는 영업활동에서 자금을 얻지 못하는 상황이었습니다. 결국 사업을 매각하여 거액의 자금을 확보했습니다. 현금흐름표 6가지 패턴 중에서는 《⑥ 구제형 현금흐름표》에 해당합니다.

그럼 이쯤에서 퀴즈를 하나 풀어볼까요? 다음에 나오는 그림은 메루카리와 라쿠텐의 현금흐름표입니다.

Q 메루카리의 현금흐름표는 어느 것일까요?

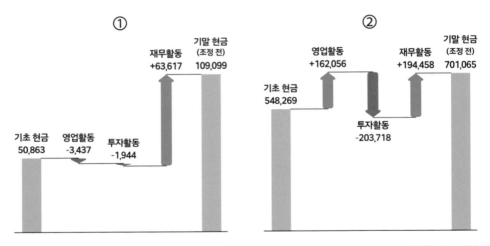

• 메루카리는 2018년 6월 결산, 라쿠텐은 2018년 12월 결산 데이터를 기반으로 작성

힌트

• 왼쪽은 본업에서 현금흐름을 플러스로 만들어내지 못하고, 자금이 부족해서 차입이나 투자 등으로 자금을 조달하는 '⑤승부형 현금흐름표'입니다.
• 오른쪽은 본업으로 현금흐름을 플러스로 만들었고, 거기서 얻은 자금을 투자로

돌리고 있습니다. 자금을 조달해서 얻은 돈까지 투자로 돌리는 '②적극형 현금흐름표'입니다.

- 메루카리와 라쿠텐의 비즈니스 상황을 고려하여 생각해봅시다.

정답은 ①번 메루카리

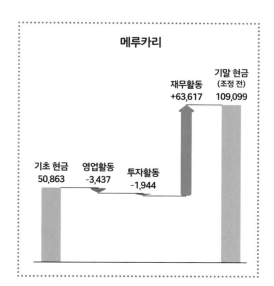

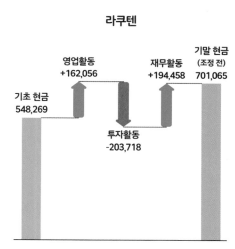

　　정답은 ①번 메루카리입니다. 형태를 보고 바로 답을 맞히셨나요? 그러면 여기까지 재무상태표와 손익계산서, 현금흐름표, 이렇게 3가지 재무제표를 대략 살펴보았습니다. 실제 예시를 확인하면 더욱 쉽게 현금흐름표를 이해할 수 있으니 한번 도전해보세요!

Chapter 3

1

[IT]
손익계산서는 적자인데, 현금흐름표는 흑자?

상장 직후 현금흐름표를 비교해보자

현금흐름표 자체는 이해하기 약간 까다로울 수도 있지만, 이 문제는 그다지 어렵지 않습니다. 첫 번째로 다룰 기업은 2019년 같은 시기에 상장한 두 회사 '산산(sansan)'과 '스페이스마켓'입니다. 두 회사는 상장 직후에 제출한 재무제표에서, 손익계산서만 놓고 보면 적자를 기록했습니다. 그런데 두 회사 중 한 곳은 현금흐름표 영업활동에서 흑자를 기록했습니다. 어떻게 그럴까요? 한번 살펴봅시다!

Q 산산의 현금흐름표는 어떤 것일까요?

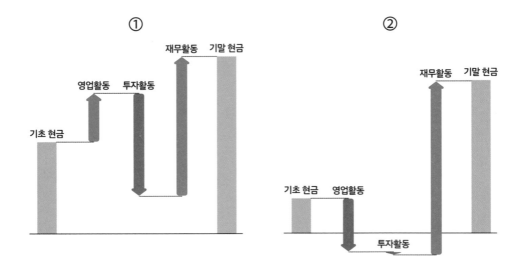

이번 장에서 다룰 기업

● **산산(Sansan)**

명함관리 서비스 제공 회사로, 기업용 산산(Sansan)과 개인용 에이트(Eight)를 운영 중이다.

● **스페이스마켓(Space Market)**

다양한 공간을 시간 단위로 임대하거나 대여할 수 있는 플랫폼을 운영 중이다.

두 회사의 현금흐름표 차이를 생각해보기

 두 회사의 현금흐름표를 비교해보면 ①번은 영업활동으로 인한 현금흐름 부분이 플러스인데, ②번은 마이너스네요.

 둘 다 손익계산서상으로는 적자인데, 한 곳은 영업활동으로 인한 현금흐름이 흑자고 나머지 한 곳은 적자란 말이죠? 어떻게 된 걸까요?

 손익계산서가 적자라면 일반적으로는 현금흐름표도 적자인데 말이죠. 애초에 두 회사가 어떤 비즈니스로 돈을 버는지부터 파악하고 싶은데요.

두 회사의 비즈니스 모델 생각해보기

 산산은 주로 기업용 명함관리 서비스를 제공하는 B2B 비즈니스군요.

 그렇게 보면 스페이스마켓은 공간을 임대하려는 사람과 대여하려는 사람을 중개하는 서비스이니, B2C 비즈니스라고도 할 수 있겠네요.

 스페이스마켓은 플랫폼을 통해 사용자가 결제한 만큼 수수료를 받는 거죠? 단기적으로도 바로 현금 수입이 발생한다고 보면 될까요. 산산은 어떤가요?

 산산도 구독 모델이라면 등록한 사용자 숫자에 따라서 매월 돈이 들어오는 구조겠네요.

 어라? 아니에요. 우리 회사에서도 산산을 쓰고 있는데, 연간 계약이라 1년 치 사용료를 사전에 결제하는 방식이라고 들었어요.

 그렇군요. 듣고 보니 아무래도 기업용이다 보니 번거로움을 줄이기 위해 매월 계약을 갱신하지는 않는가 보네요. 그럼 산산은 초기 라이선스 비용과 연간 이용료가 한꺼번에 현금으로 들어오는 걸까요?

 그렇군요. 서비스를 이용하면 수익이 발생한다는 점은 같습니다. 하지만 이용할 때마다 돈이 들어오는지, 아니면 연간 계약인지에 따라 차이가 있을 것 같아요. 선지급으로 돈을 받는다는 말은 아직 매출로 잡히지 않더라도 자금 흐름으로는 현금을 확보했다는 의미군요. 그럼 ①번이 산산이겠네요.

 정답! ①번이 산산입니다.

정답은 ①번 산산

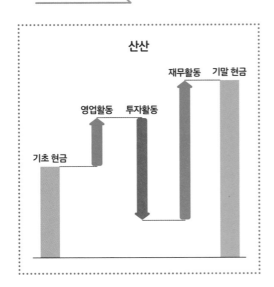

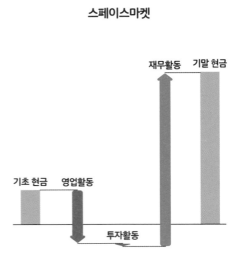

이익을 내는 회사만 상장할 수 있다고 생각하는 분들도 많겠지만, 실제로는 적자 상태에서 상장하는 회사도 적지 않습니다. 이번에 다룬 산산은 영업이익 기준으로는 적자 상태에서 상장했습니다. ②번 스페이스마켓도 산산과 마찬가지로 2019년에 상장했지만, 상장 당시에는 적자 상태인 영업손실을 기록했습니다.

산산은 점유율 확대를 위해 막대한 금액의 광고선전비를 집행하여, 선행투자를 했다는 사실을 알 수 있습니다.

● 광고선전비 선행투자에 따른 적자 상장 ·······

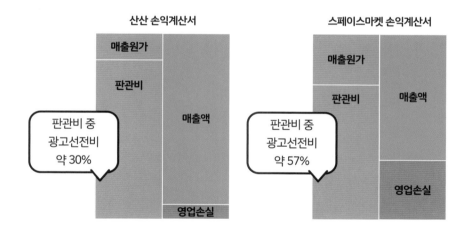

①번과 ②번을 비교할 때 화살표 방향이 전혀 다르게 나타나는 이유는, '영업활동으로 인한 현금흐름'이 영업활동을 통해 현금을 얼마나 만들어냈는지 나타나기 때문입니다. 손익계산서가 적자면 일반적으로는 현금흐름표도 적자지만, ①번처럼 영업활동으로 인한 현금흐름이 우상향의 파란색 화살표를 향하면서 플러스를 기록하기도 합니다.

산산의 강력한 계약형태

● 산산의 이용금액 회수 타이밍 ··

			회수 타이밍
① **초기 비용** (이니셜 코스트)	**라이센스 비용의 12개월분** 기존에 보유한 모든 명함을 데이터로 만드는 비용		계약 개시 시
② **도입지원 비용** (이니셜 코스트)	**월간 요금 20만 엔~150만 엔 플랜 제공** 산산을 활용하기 위한 도입 및 운영지원 비용		계약 개시 시
③ **스캐너** (러닝 코스트)	**월간 10,000엔/대** 고객 사무실 및 거점 장소에 스캐너와 태블릿 대여		계약 개시 시 + 갱신 시
④ **라이선스 비용** (러닝 코스트)	**월간 명함교환 매수에 따라 설정**(연간 계약) 계약당 월간 7.5만 엔~수백 만 엔		계약 개시 시 + 갱신 시

　자 이제, 앞에 나온 회계 퀴즈의 정답인 산산을 분석해봅시다. 〈산산의 이용금액 회수 타이밍〉 도표를 보면 산산의 서비스 가격은 주로 4가지로 구성되어 있습니다. 이 도표에서 보듯이 산산의 비용 회수 시점에는 다 이유가 있습니다. 산산은 기업용 서비스가 매출의 90% 이상을 점유하고 있는데, 계약을 할 때 1년치 비용 선불을 기본 조건으로 내세우고 있습니다.

(단위: 1천 엔)

	전기연결회계연도 (2018년 5월 31일)	당기연결회계연도 (2019년 5월 31일)
부채		
유동부채		
외상매입금	59,883	96,169
단기차입금	13,500	18,000
1년 내 상환 예정인 장기차입금	94,534	133,134
미지급금	654,533	770,424
미지급 법인세 등	24,258	41,283
미지급 소비세 등	–	184,745
선수금	2,798,027	3,923,177
상여 배당금	133,416	199,010
사업소 폐쇄손실 충당금	–	6,960
기타	41,563	55,868
유동부채 합계	3,819,717	5,428,772
비유동부채		
장기차입금	127,706	233,714
기타	39,079	43,664
비유동부채합계	166,785	277,378
부채 합계	3,986,502	5,706,151

계약 기업으로부터
1년 치 요금을 미리 받음

장래 매출액

이러한 부분은 실제 산산의 재무상태표에서도 확인할 수 있습니다. 〈산산의 재무상태표〉 도표에서 유동부채 계정의 '선수금'이라는 계정으로 표시됩니다.

선수금이란 무엇인가?

그렇다면 선수금은 무엇일까요? 또 매출과는 어떻게 다를까요? 간단하게 설명해보 겠습니다.

● 산산의 재무상태표: 선수금과 매출액의 관계 ······································

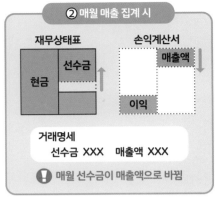

● 산산의 연결재무상태표 ··

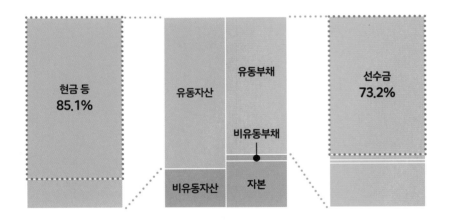

우선 계약 시점에 1년치 현금을 받습니다. 이 시점에는 매출액으로 잡히지 않기 때문에 손익계산서에 영향은 없습니다. 이후 시간이 흐르면서 재무상태표의 '선수금'이 손익계산서의 '매출액'으로 변하게 됩니다. 〈산산의 재무상태표: 선수금과 매출액의 관계〉 도표를 참고하면 됩니다.

이렇게 강력한 계약형태 덕분에 산산의 재무상태표는 현금과 선수금이 대부분을 차지하고 있습니다(〈산산의 연결재무상태표〉 도표). 서비스 제공 이전에 1년치 현금을 미리 받을 수 있다니 굉장하죠?

메루카리(일본 최대 규모의 중고 거래 플랫폼-옮긴이)도 그렇고 마쿠아케(일본의 클라우드 펀딩 플랫폼-옮긴이)도 그렇고, 최근 떠오르는 유망한 벤처기업 대부분은 서비스를 제공하기 전에 현금이 들어오는 구조를 갖추고 있습니다. 이는 기업이 성장하는 단계에서 자금이 바닥나는 일을 피하고자 하는 이유도 크겠지요.

그러면 이러한 현금의 흐름이 현금흐름표에는 어떻게 반영될까요? 뒤에 나오는 〈산산의 현금흐름표〉 도표를 살펴봅시다.

보통 현금흐름표는 가장 윗부분에 손익계산서의 '세전 당기순이익(손실)'부터 시작해서, 아래쪽에 있는 현금의 증감항목을 조정한 영업활동으로 인한 현금흐름을 산출하는 식으로 구성되는 경우가 많습니다.

예를 들어 감가상각비가 있습니다. 손익계산서에서는 비용에 해당하지만, 실제로 현금은 나가지 않는 비용 계정입니다. 따로 현금이 유출되지 않기 때문에 현금흐름표에서는 플러스 항목으로 표시됩니다. 이 부분이 손익계산서와 현금흐름표의 큰 차이점입니다.

다시 산산의 현금흐름표를 보면, 우선 앞부분에서는 손익계산서의 세전당기순손실부터 시작합니다. 적자 상장이기 때문에 시작부터 마이너스입니다. 그 후 여러 가지 조정이 들어가는데, 상당한 액수가 조정됩니다.

다음은 선수금의 흐름 조정입니다. 선수금은 아직 매출로 잡히지 않기 때문에 손익계산서에는 반영되지 않았습니다. 하지만 이미 현금을 받았기 때문에 현금흐름표에는 반영됩니다. 금액이 많다는 점을 고려하면 영업활동으로 인한 현금흐름은 단번에 흑자로 전환됩니다. 〈산산의 현금흐름표〉 도표에서 이를 확인할 수 있습니다. 이것이야말로 산산이 가지고 있는 큰 강점입니다.

● 산산의 현금흐름표

[연결현금흐름표]	(단위: 1천 엔)
	당기연결회계연도 (2018년 6월 1일부터 2019년 5월 31일)
영업활동으로 인한 현금흐름	
세금 등 조정 전 당기순손실(△은 감소)	△937,602
감가상각비	459,657
감원손실	34,250
사업소 폐쇄손실 충당금 증감액(△은 감소)	6,960
주식보상비용	10,530
고정자산처분손실	16,387
대손충당금 증감액(△은 감소)	△1,812
상여충당금 증감액(△은 감소)	65,605
수취이자 및 수취배당금	△2,079
지급이자	4,766
주식매수선택권환입이익	△4,725
매출채권의 증감액 (△은 증가)	△111,289
기지불비용 증감액 (△은 증가)	△67,067
미수세금 등 증감액 (△은 증가)	83,137
기타 자산 증감액 (△은 증가)	49,929
매입채무 증감액(△은 감소)	36,285
미지급 증감액(△은 감소)	50,277
미지급세금 등 증감액(△은 감소)	184,745
선수금 증감액(△은 감소)	1,125,161
기타 부채 증감액(△은 감소)	24,351
기타	56,123
소계	1,083,592
이자와 배당금 수취액	1,297
이자 지급액	△4,822
법인세 등 지급액	△7,258
영업활동으로 인한 현금흐름	1,072,808

> 매출액은 매월 계상되기 때문에 선수금은 손익계산서에 반영되지 않고, 적자 상태에서 당기순손실이 계상

> 사전에 현금을 받았기 때문에 현금흐름은 선수금만큼 증가

> 그 결과 최종적으로 영업활동으로 인한 현금흐름은 흑자로 전환

스페이스마켓의 현금흐름표도 산산과 마찬가지로 적자로 시작했습니다. 하지만 현금조정이나 특별히 큰 영향이 있는 조정은 없습니다. 그러므로 영업활동으로 인한 현금흐름은 그대로 적자 상태입니다.

● **스페이스마켓의 현금흐름표**

[현금흐름표]	(단위: 1천 엔)
	당기사업연도 (2018년 1월 1일부터 2019년 12월 31일까지)
영업활동으로 인한 현금흐름표	
세전당기순손실(△)	△271,923
감가상각비	1,198
주식교부비	1,929
사채발행비 등	90
대손충당금 증감액(△은 감소)	573
포인트 충당금 증감액 (△은 감소)	△2,030
수취이자 및 수취배당금	△1
지급이자	1,247
매출채권 증감액(△은 증가)	17,768
미수입금 증감액(△은 증가)	△201,322
매입채무 증감액(△은 감소)	△9,710
미지급금 증감액(△은 감소)	124,560
예치금 증감액(△은 감소)	60,399
기타	△86
소계	△277,307
이자 및 배당금 수취액	1
이자 지급액	△1,247
법인세 등 지급액	△410
영업활동으로 인한 현금흐름	△278,964

> 광고비가 먼저 지출되어 산산과 마찬가지로 적자 상태에서 시작

> 손익계산서와 현금흐름에서 큰 차이가 없으므로, 영업활동으로 인한 현금흐름도 적자

● **명확한 차이가 나타나는 영업활동** ⋯⋯⋯⋯⋯⋯⋯⋯⋯⋯⋯⋯⋯⋯⋯⋯⋯⋯⋯⋯⋯⋯⋯⋯

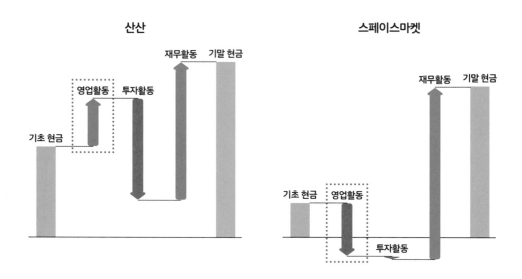

　〈명확한 차이가 나타나는 영업활동〉 도표를 봅시다. 산산과 스페이스마켓, 두 회사는 똑같이 적자 상태에서 상장했습니다. 하지만 계약형태가 달라서 영업활동으로 인한 현금흐름이 서로 다른 모습을 보입니다. 이러한 점을 파악한다면, 문제에서 ①번이 산산임을 알 수 있었을 겁니다.

2

[IT]
투자활동으로 인한 현금흐름표 구조를 파악하자

은행을 자회사화했을 때 현금흐름표는?

이번에는 야후와 라인(LINE), IT업계의 두 회사를 다룹니다.

이번 문제는 양사의 2018년 1분기 결산자료가 중심입니다. 일부러 최신 데이터가 아닌 자료를 사용했다는 사실을 미리 알려드리고 싶습니다. 당시 야후는 재팬넷은행을 자회사로 인수했습니다. 이럴 때 현금흐름표의 현금흐름은 어떻게 되는지 주목하면서 문제에 도전해보세요.

Q 다음 중 야후의 현금흐름표는 어느 것일까요?

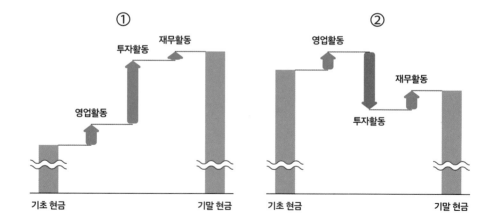

● **야후**(Yahoo)

일본 최대 포털 사이트 야후를 운영하며, 또한 야후 브랜드를 활용한 다양한 웹서비스를 제공하고 있다.

● **라인**(LINE)

커뮤니케이션 앱인 '라인'이나 라인 브랜드를 활용한 다양한 서비스를 제공하고 있다.

 은행을 자회사로 인수할 당시의 현금흐름표군요. 같은 IT업계인데, 영업활동으로 인한 현금흐름과 재무활동으로 인한 현금흐름은 거의 비슷합니다. 하지만 투자활동으로 인한 현금흐름에서는 서로 정반대 방향이네요.

 보통 회사를 매수하면 어떻게 되나요?

 회사를 인수할 때는 주식을 사들이니까 현금이 나가지요(=Cash Out). 투자활동으로 돈이 나가면 일반적으로는 이 화살표가 아래를 향합니다.

 그 부분만 보면 은행을 인수한 야후는 ②번일까요? 기업을 매수하려면 큰 금액의 투자가 필요하니, 투자활동으로 인한 현금흐름이 마이너스로 전환될 것 같아요.

 음…. 반대로 생각해보죠. 투자활동이 늘어나는 ①번이 라인이라면, 이 시기 라인 투자활동 화살표가 이렇게 될만한 일이 있었나요?

 질문만 해서 죄송한데, 투자활동 화살표가 우상향한다는 건 어떤 때인가요?

 비유동자산…. 예를 들어 설비나 주식, 유가증권 등을 매각하면 우상향하기도 하죠.

 맞아요. 그런데 라인은 성장 중인 회사고 IT 기업이니, 비유동자산이 그다지 많지는 않을 거예요. 그러니까 투자활동에서 플러스가 될 만한 일이 있을까 싶은데요…. 뭔가 마음에 걸리기는 해요.

 돈이 필요하다면 주식을 신규발행할 테니 재무활동이 우상향 화살표로 나타나겠죠. 그런 시점에서 본다면 ①번은 재무활동 움직임도 좀 이상하네요.

 아무래도 은행을 인수했다는 점이 중요한 힌트 아닐까요?

 앗! 은행을 인수했다는 말은, 기초와 기말 시점에 각각 현금의 양을 비교해보면 주식을 취득하기 위해 현금 지출은 있었지만, 한편으로는 돈을 쓴 것보다도 현금이 더 많이 들어왔을 가능성은 없을까요?

 그거네요. 나간 금액보다 들어온 금액이 많으니, 기업을 인수했는데도 투자활동으로 인한 현금흐름이 플러스를 기록한 ①번이 야후겠네요.

 정답! ①번이 야후입니다.

정답은 ①번 야후

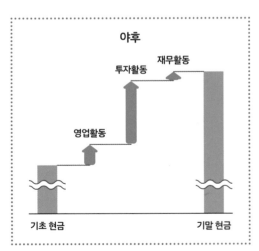

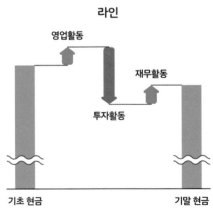

이번에는 투자활동으로 인한 현금흐름 화살표의 방향을 중점적으로 다루었습니다. 보충 설명을 하자면, 은행 인수로 투자활동으로 인한 현금흐름이 플러스 또는 마이너스가 되는지가 중요한 부분입니다. 참가자 모두 이 사실에 주목했다는 점에서 칭찬하고 싶습니다. 〈야후의 재무데이터 전기 및 당기 비교〉 도표에서 확인할 수 있듯, 야후는 은행을 인수한 결과 재무상태표 수치가 매우 증가했습니다.

● **야후의 재무데이터 전기 및 당기 비교** ....

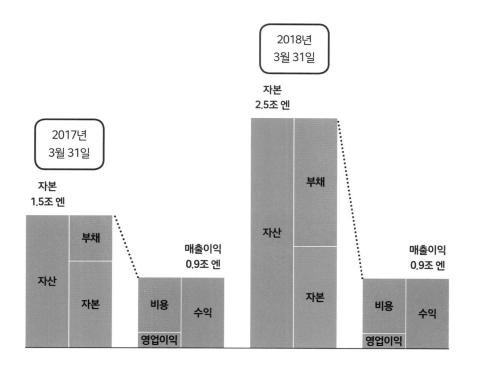

일반적으로 기업을 인수한 경우, 매수 대상 기업의 유가증권을 사기 위해 현금을 지출합니다. 그렇기 때문에 투자활동으로 인한 현금흐름은 마이너스를 기록합니다 (〈연결현금흐름표: 신규연결자회사가 있는 경우〉 도표).

● **연결현금흐름표: 신규연결자회사가 있는 경우**

① 신규 연결 자회사 주식 취득

원칙
투자활동에 따른 현금흐름에 표시

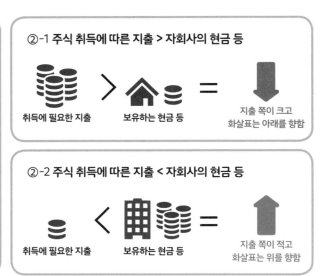

②-1 주식 취득에 따른 지출 > 자회사의 현금 등

취득에 필요한 지출　　보유하는 현금 등

지출 쪽이 크고 화살표는 아래를 향함

②-2 주식 취득에 따른 지출 < 자회사의 현금 등

취득에 필요한 지출　　보유하는 현금 등

지출 쪽이 적고 화살표는 위를 향함

● **야후의 연결현금흐름표**

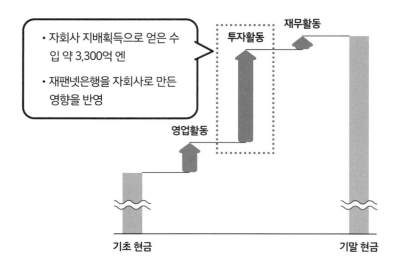

• 자회사 지배획득으로 얻은 수입 약 3,300억 엔
• 재팬넷은행을 자회사로 만든 영향을 반영

재무활동

투자활동

영업활동

기초 현금　　　　　　　　　　　　기말 현금

그런데 야후는 이번에 은행을 인수했습니다. 인수 대상 기업인 은행은 대량의 현금을 갖고 있습니다. 이 현금은 이후에 모회사인 야후의 현금흐름으로 합산됩니다. 그렇기 때문에 결과적으로 야후에 거액의 현금흐름이 유입된 것입니다(《야후의 연결 현금흐름표》 도표).

재팬넷은행을 인수할 당시 야후가 은행을 인수하면서 지출한 금액보다, 재팬넷은행이 갖고 있던 현금 액수가 컸습니다. 이러한 이유로 결과적으로는 기업 인수 후 오히려 현금흐름이 증가한 특수한 사례로 남은 것입니다.

Chapter 4

재무상태표·손익계산서의
복합문제를 풀어보자

재무상태표와 손익계산서의 연결

재무상태표와 손익계산서는 연결되어 있다

드디어 마지막 장까지 왔습니다. 지금까지 재무상태표, 손익계산서, 현금흐름표 3가지 재무제표를 각각 살펴보았습니다. 이번에는 재무상태표와 손익계산서의 연결고리를 살펴보고자 합니다.

지금부터 재무상태표와 손익계산서의 구조를 단계별로 도표로 정리할 겁니다. 도표로 '자산, 부채, 자본'과 '수익, 비용'은 어떻게 연결되어 있는지 알고 나면 무척 재미있을 겁니다. 앞에서 재무제표 3종이 끝났지만, 책을 덮지 말고 조금만 더 함께 해주세요.

지금까지 살펴본 재무상태표와 손익계산서는 사실 밀접하게 연결되어 있습니다. 구체적인 내용을 이해하기 위해 간단한 거래 사례와 함께 살펴봅시다.

어떤 기업이든지 회사를 운영하려면 자금을 조달해야 합니다. 조달 방법은 크게 2가지로 나뉘는데, ①주주로부터 조달하는 방법 ②은행 등에서 차입하여 조달하는 방법이 있습니다.

〈재무상태표 구조: 주주 출자〉 도표를 봅시다. 주주로부터 조달한 돈은 자본금(자본)으로 계상됩니다. 자본은 기본적으로 기업의 자기자본이라고 불리며, 갚지 않아도 되는 돈입니다.

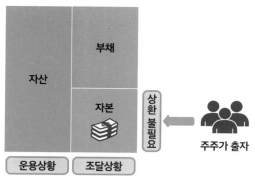

〈재무상태표 구조: 생산 시설 건설〉 도표를 봅시다. 성공적으로 주주로부터 조달한 돈은 기업의 성장을 위해 다양한 용도로 사용할 수 있습니다. 예를 들어 기업에서 판매할 상품을 제조하기 위해 생산 공장을 세울 때 사용합니다.

● 재무상태표 구조: 생산 시설 건설 ......

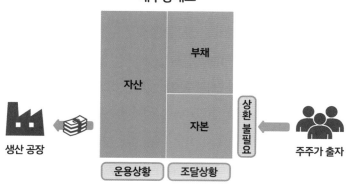

자금 조달 두 번째는 은행 등 금융기관에서 차입하는 방법입니다. 〈재무상태표 구조: 은행차입〉 도표에서 보듯이 차입한 돈은 차입금(부채)으로 계상되며, 이 돈은 기한 내에 이자를 더해 전액 상환해야 합니다.

● **재무상태표 구조: 은행차입** ···

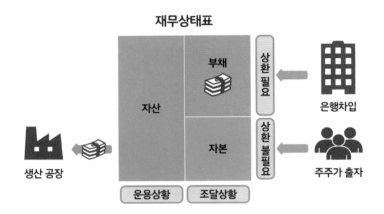

물론 빌린 돈이라도 기업을 성장시키기 위해 다양한 용도로 사용할 수 있다는 사실은 변하지 않습니다. 예를 들어 앞서 말했듯 생산 공장을 세우는 데에도 사용할 수 있고, 재료를 매입할 때에도 사용할 수 있습니다. 다음에 나오는 도표인 〈재무상태표 구조: 재료 매입〉에서 보는 것처럼 말입니다.

이처럼 재무상태표는 기업 운영에 필요한 돈을 어떠한 수단(부채 또는 자본)으로 모았는가, 모은 돈을 어떠한 용도로 사용했는지 한 번에 볼 수 있는 표로 구성되어 있습니다. 이때 자산에서 변동이 일어나기도 합니다. 예를 들어 재료를 매입해 가공한 후 상품으로 완성한 경우, 이때 '재료'라는 자산은 '상품'이라는 자산으로 변합니다. 〈재무상태표 구조: 자산의 변동(상품)〉 도표에서 확인할 수 있습니다.

● 재무상태표 구조: 재료 매입

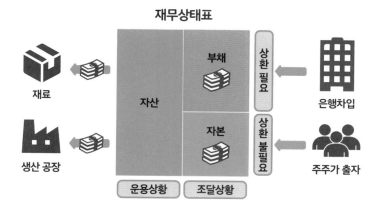

● 재무상태표 구조: 자산의 변동(상품)

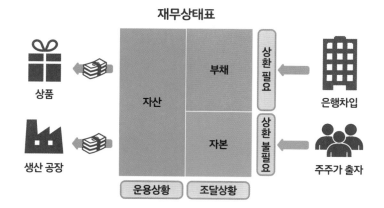

재무상태표는 일정 시점의 자산 및 부채, 자본의 상황을 표시하는 표입니다. 그러므로 확인하는 시점이 바뀌면 각각 수치가 달라집니다. 기본적으로는 기업은 회계연도의 마지막 날(예를 들면 12월 31일)에 재무상태표를 작성하고 공개하는 경우가 많습니다.

다음은 제조한 상품을 팔 때를 생각해봅시다. 예를 들어 제조한 상품을 고객에게 팔고 그 대가로 현금을 받았다고 가정합니다. 그러면 〈재무상태표 구조: 판매〉 도표의 상태가 됩니다.

● **재무상태표 구조: 판매**

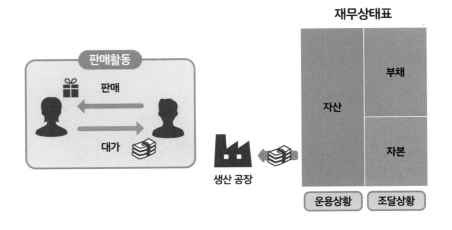

이제 손익계산서를 살펴봅시다. 손익계산서는 재무상태표처럼 일정 시점의 자산과 같은 상황을 나타내는 것이 아니라, 1년간의 수입과 지출을 계산하기 위해 작성된 자료입니다. 따라서 수입과 지출이 변동될 때 손익계산서 항목도 바뀐다는 사실을 기억해두면 좋습니다. 다음에 나오는 도표인 〈손익계산서 구조: 판매〉와 같습니다.

손익계산서

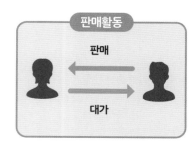

이때 손익계산서에는 받은 대가가 매출액으로 잡히고, 고객에게 전달한 상품의 원가는 매출원가로 계상됩니다. 〈손익계산서 구조: 매출액과 매출원가의 계상〉 도표에서 보듯이 매출액은 수익 항목으로, 매출원가는 비용 항목으로 손익계산서에 기재됩니다.

● 손익계산서 구조: 매출액과 매출원가의 계상

손익계산서

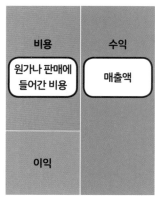

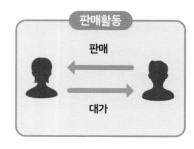

상품 대금에 해당하는 매출액과 상품 원가인 매출원가 사이에는 차이가 발생합니다. 이 차액이 이익 또는 손실이 됩니다. 〈손익계산서 구조: 이익 혹은 손실〉 도표에서 확인할 수 있습니다.

● **손익계산서 구조: 이익 혹은 손실** ··

계산된 이익은 재무상태표의 자본(이익잉여금)으로 계상됩니다. 즉 '이익잉여금'이라는 계정은 과거의 이익 또는 손실을 누적한 것으로 보면 됩니다. 〈재무상태표와 손익계산서의 연결〉 도표에서 이 흐름을 확인할 수 있습니다.

여기서도 알 수 있듯이 계속해서 이익을 내는 기업은 자본의 금액이 상당히 커집니다. 앞서 1장 초반에 예시로 소개한 니토리 홀딩스는 32년간 꾸준히 매출과 이익 모두 늘어나 자본의 액수가 매우 커졌다는 사실을 기억해주시기 바랍니다.

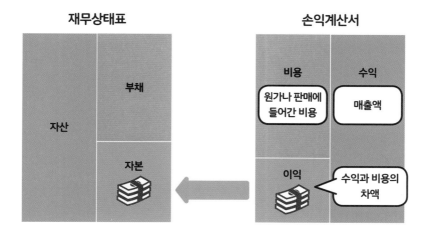

발생한 이익을 사용하는 방식은 기업마다 다릅니다. 주주에게 배당할 수도 있고, 생산 공장을 증설하거나 투자로 돌려서 기업의 성장을 도모하기도 합니다(〈재무상태표의 구조: 자본의 활용〉 도표).

● 재무상태표 구조: 자본의 활용 ‥‥‥‥‥‥‥‥‥‥‥‥‥‥‥‥‥‥‥‥‥‥‥‥‥‥‥‥‥‥‥‥

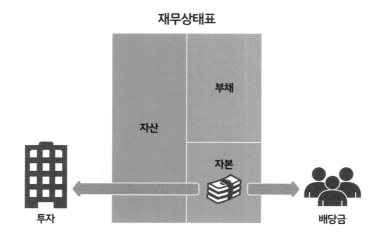

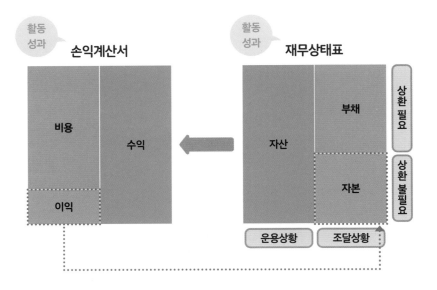

    재무상태표와 손익계산서는 이익과 자본이라는 부분에서 서로 연결되어 있습니다. 각각 따로 분석하는 것도 중요하지만, 2가지 표를 동시에 살펴볼 때 비로소 깊이 있는 분석을 할 수 있습니다. 우선 각각의 표를 살펴본 후, 재무상태표와 손익계산서를 함께 살펴보세요.

돈키호테가 24시간 영업하는 이유

최근 일본 편의점 업계에서는 24시간 영업을 계속할지를 두고 논의가 이어지고 있습니다. 심야에 일할 직원을 고용하기 쉽지 않고, 장시간 노동을 개선하자는 사회적 분위기 때문에, 24시간 영업 유지가 점점 힘들어지는 상황입니다.

그런 와중에 돈키호테는 대다수 점포에서 24시간 영업을 시행하고 있습니다. 왜 돈키호테는 24시간 영업을 계속할까요? 바로 그만한 장점이 있기 때문이겠지요.

돈키호테의 2017년 2분기 결산보고서에서 그 이유를 발견했습니다.

돈키호테에서는 면세상품도 취급하는데, 외국인 관광객들이 면세품 쇼핑을 하려고 심야에 방문하는 일이 많습니다. 보통 저녁 식사 후 자유시간에 면세 쇼핑이 활발하다고 합니다. 자료에 따르면 면세상품은 일반적인 상품보다 이익률과 이익 공헌도가 높습니다. 즉 돈키호테는 심야 시간에 영업하는 덕분에 이익률을 크게 끌어올릴 수 있는 것입니다.

그리고 돈키호테는 대다수 매장이 가맹점보다는 직영점으로 운영합니다. 심야 시간에 직원을 고용하거나 배정할 때도 가맹점이 대부분인 편의점과 비교하면 조금 더 유연하게 대처할 수 있습니다. 따라서 돈키호테의 24시간 영업은 향후에도 계속 이어질 것으로 예상합니다.

Chapter 4

1

[철도]
여러 사업을 운영하는 기업에서
돈이 되는 사업은?

철도 기업이 돈을 버는 방법

이제부터는 재무상태표와 손익계산서의 복합문제를 풀어보겠습니다. 첫 번째 문제는 도큐 전철(Tokyu Railways)을 중심으로 다양한 사업을 운영하는 '도큐 그룹'을 다룹니다.

지금까지 살펴본 예시와는 달리 여러 사업을 동시에 운영하는 기업의 사업별 역할과 분야가 재무상태표와 손익계산서에 어떻게 반영되는지 주목해주세요.

Q 다음 중 도큐 그룹에서 매출액이 가장 많은 사업부는?

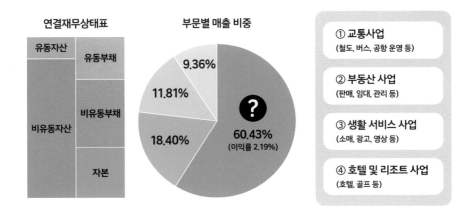

● **도큐 그룹(Tokyu Group)**

도큐 전철을 중심으로 부동산 사업, 교통사업, 호텔 및 리조트 사업, 생활 서비스 사업(소매 등)을 운영한다.

 이 문제는 도큐 그룹에서 어떤 사업이 가장 많은 매출을 올리는지 묻는 문제죠? 뻔한 답이겠지만 철도 회사니까, 아무래도 교통 관련 사업이 아닐까요? 많은 사람이 매일같이 이용하니 자연스럽게 매출액도 클 것 같아요.

 그렇네요. 특히 시부야에 가면 도큐 그룹이 엄청난 규모를 자랑하는 건물을 갖고 있다는 걸 피부로 느껴요. 예를 들어 최근에 생긴 시부야역에 바로 연결된 복합건물 '시부야 히카리에'도 그렇고, 백화점인 '시부야 109'나 부티크 호텔인 '세루리안타워'가 그렇죠.

 비유동자산이 많습니다. 특히 교통, 그리고 부동산이 도큐 그룹의 주요 사업 같기는 하네요.

 하지만 이 문제만큼은 ②번이 부동산 사업이라고 보긴 어렵지 않을까요? 조그맣게 이익률이 2%라고 쓰여 있긴 한데, 도쿄 한가운데 시부야에 있는 부동산이 겨우 이 정도 이익률이라니 좀 이상하지 않나 싶어서요.

 진짜 그렇네요. 제가 개인적으로 운영하는 부동산보다도 수익률이 눈에 띄게 낮네요. 대기업이 이 정도 수익률을 바라고 부동산이나 철도를 운영한다고 보기는 힘들죠. 엄청난 금액의 자산을 투자하는 사업은 애초에 선택지에서 빼는 것이 좋을지도 모르겠어요.

 그렇다면 ③번이나 ④번으로 좁혀지겠네요.

 ③번이나 ④번이라면 호텔 및 리조트 사업은 아니겠죠. 도큐 그룹의 간판 사

업도 아니고, 호텔도 부동산과 비슷한 사업이라서 이익률 2%라는 건 말이 안 되는 것 같아요.

 그럼 ③번 생활 서비스 사업일까요?

 소매업종이라면 물건을 판매한 가격 그대로 매출액이 되다 보니 매출액 규모가 커질 여지는 있겠네요. 이런 점에서는 투자가가 얘기한 이익률과도 맞고, 소매업에 가까운 생활 서비스 사업이 아닐까 싶어요.

 회계곰, ③번으로 할게요.

 정답! 도큐 그룹의 매출액 대부분을 차지하는 사업은 ③번 생활 서비스 사업이에요!

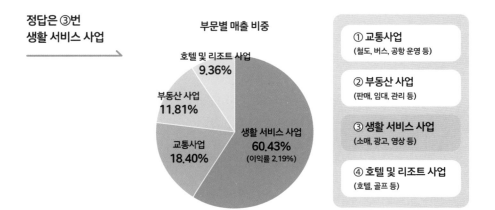

우선 자산 내역부터 살펴봅시다. 도큐 그룹 자산은 교통사업과 부동산 사업이 대부분을 차지하는 사실을 알 수 있습니다(《자산 부문별 내역》 도표).

● 자산 부문별 내역 ....

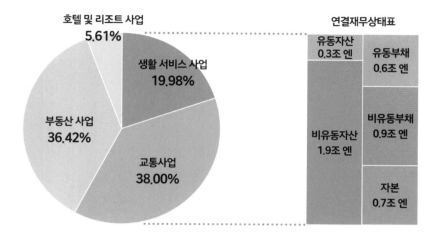

호텔 및 리조트 사업
5.61%

생활 서비스 사업
19.98%

부동산 사업
36.42%

교통사업
38.00%

연결재무상태표

유동자산
0.3조 엔

유동부채
0.6조 엔

비유동자산
1.9조 엔

비유동부채
0.9조 엔

자본
0.7조 엔

〈영업이익 부문별 내역〉 도표를 봅시다. 내역을 살펴보면 자산 금액과 비례해 부동산 사업이나 교통사업의 이익이 크게 공헌하고 있음을 알 수 있습니다.

● 영업이익 부문별 내역 ....

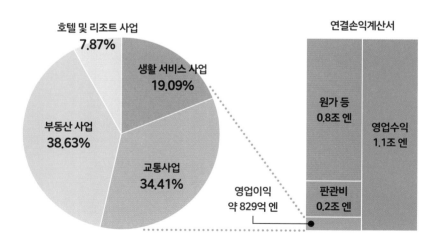

호텔 및 리조트 사업
7.87%

생활 서비스 사업
19.09%

부동산 사업
38.63%

교통사업
34.41%

영업이익
약 829억 엔

연결손익계산서

원가 등
0.8조 엔

영업수익
1.1조 엔

판관비
0.2조 엔

다음에 나오는 도표는 각 부문별 이익률을 그래프로 정리한 것입니다. 사업 부문별 이익률을 살펴보면, 교통사업과 부동산 사업의 이익률이 높다는 사실을 알 수 있습니다.

● **각 부문별 이익률**

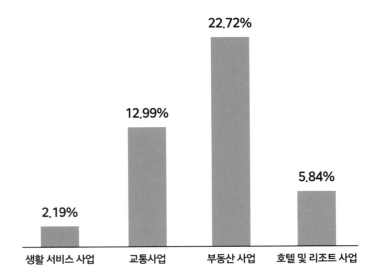

철도 회사의 기본 전략은 이익률이 높은 교통사업과 부동산 사업에서 이익을 내는 것입니다. 다만 이를 실현하려면 철도와 부동산을 이용하는 인구 규모를 키워야 합니다.

도큐 그룹은 소매업 등 다양한 사업을 통해 철도 노선 주변 지역을 개발하고 투자했습니다. 그리고 철도 및 부동산 이용자를 늘린 결과, 이익률이 높은 교통사업과 부동산 사업에서 크게 이익을 얻는 사업 구조를 만들었습니다.

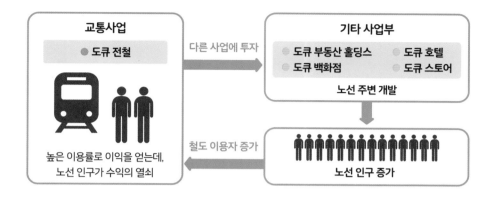

4-1장 초반에 나왔던 문제는 틀리는 사람이 많습니다. 대부분 매출액의 크기를 부동산 → 교통 → 생활 서비스 → 호텔 및 리조트 사업순으로 예상합니다. 이번에는 이익률이 낮다는 점에 주목해서 정답을 맞히기는 했습니다. 하지만 큰 금액의 설비투자가 필요한 기업은 투입한 자본에 대한 이익률이 일정 수준을 확보해야 한다는(그보다 낮으면 투자하지 않음) 점은 소비자로서 이해하기 어려울 수도 있습니다.

교통과 부동산 사업은 기본적으로 인프라 서비스입니다. 그렇기 때문에 사용자들은 안정적으로 이용하는 경향을 보입니다. 전체적으로 매출은 작지만, 수입이 안정적으로 들어오고 이용률이 좋은(이익이 나기 쉬운) 구조이지요. 이에 비해 부동산은 임대 물건 등을 통해 매월 임대료를 받습니다. 하지만 돈이 들어오는 횟수가 한 달에 한 번으로 정해져 있고, 물건의 수와 임대료 수입이 그대로 월매출로 이어지기 때문에 매출이 크게 상승하기는 어렵습니다.

반면에 소매업은 〈각 부문별 이익률〉 도표를 보면 알 수 있듯이 이윤은 작습니다. 하지만 상품 단가와 판매 수량을 곱한 판매 금액이 그대로 매출로 잡히기 때문에 매출액 규모는 커지기 쉽습니다.

2

[소매]
다각화 비즈니스 모델을 파악하자

그룹 전체에서 이익을 내는 구조

두 번째로 살펴볼 기업은 다양한 사업을 운영하는 일본의 대기업, 이온(AEON) 그룹입니다.

이번 주제는 여러 사업을 운영하는 대기업의 사업별 역할을 파악하는 것입니다. 기업이 어떤 일을 해서 돈을 버는지, 그룹 전체에서 어떻게 이익을 내는지 생각하면서 문제에 도전해봅시다. 그럼 한번 볼까요?

 Q 이온 그룹에서 영업이익이 가장 큰 사업은?

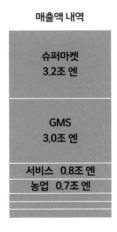

매출액 내역

슈퍼마켓
3.2조 엔

GMS
3.0조 엔

서비스 0.8조 엔
농업 0.7조 엔

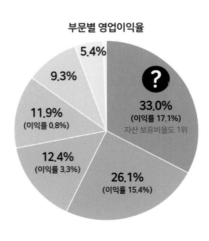

부문별 영업이익율

5.4%

9.3%

11.9%
(이익률 0.8%)

12.4%
(이익률 3.3%)

?

33.0%
(이익률 17.1%)
자산 보유비율도 1위

26.1%
(이익률 15.4%)

① 슈퍼마켓
(편의점, 할인점)

② GMS*
(쇼핑몰 및 반찬전문점)

③ 종합 금융
(신용카드, 은행)

④ 부동산
(쇼핑센터 개발 및 임대)

* General Merchandise Store의 약어이며, 주로 교외 지역에 있는 큰 규모의 종합 쇼핑몰을 뜻함-옮긴이

● 이온 그룹(Aeon Group)

슈퍼마켓, 대형 쇼핑몰, 종합 금융, 부동산 등을 운영하며 소매 사업 부문 매출은 6조 엔 이상을 기록한다. 일본의 대기업 중 한 곳이다.

 앞서 살펴본 도큐 그룹 사례에서 소매업종은 기본적으로 이익률이 낮은 편이라고 했죠. 그러니 슈퍼마켓이나 GMS 사업은 정답 후보에서 빼는 게 좋을 것 같아요.

 이익률 17.1%라고 쓰여 있기도 하고요.

 그럼 종합 금융이나 부동산 사업이 남겠네요.

 그렇네요. 하지만 결정적인 힌트가 부족한데….

 참고로 이번 문제에 나오는 사업 부문은 자산 보유비율도 1위예요.

 아, 정말이네.

 그럼 부동산 아닐까요? 자산이 엄청난 금액으로 잡힐 것 같은데요.

 그러고 보니 일본 전역에 걸쳐서 여기저기 거대한 쇼핑몰이 많네요.

 회계곰, 답은 부동산으로 할게요.

 땡, 틀렸습니다! 정답은 ③번 종합 금융입니다!

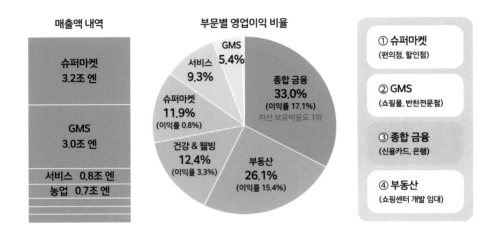

매출액 내역

슈퍼마켓
3.2조 엔

GMS
3.0조 엔

서비스 0.8조 엔
농업 0.7조 엔

부문별 영업이익 비율

GMS
5.4%

서비스
9.3%

슈퍼마켓
11.9%
(이익률 0.8%)

건강 & 웰빙
12.4%
(이익률 3.3%)

종합 금융
33.0%
(이익률 17.1%)
자산 보유비율도 1위

부동산
26.1%
(이익률 15.4%)

① 슈퍼마켓
(편의점, 할인점)

② GMS
(쇼핑몰, 반찬전문점)

③ 종합 금융
(신용카드, 은행)

④ 부동산
(쇼핑센터 개발 임대)

4-1장에 나온 도큐 그룹 사례에서 부동산 사업의 이익률이 높다는 사실을 소개했습니다. 앞의 정답 도표에서 보듯이, 이온 그룹은 종합 금융 부문에서 도큐 그룹보다도 훨씬 더 높은 영업이익을 올리고 있습니다.

우선은 이익 부분은 잊어버리고, 부문별 매출액부터 살펴봅시다. 다음에 나오는 도표 〈부문별 매출액〉을 보죠.

도큐 그룹 사례에서 소매업의 매출액은 규모가 커지기 쉽다고 이야기했습니다. 마찬가지로 이온 그룹에서도 핵심 사업인 편의점 및 슈퍼마켓 같은 소매업에서 6.2조 엔을 벌어들인다는 사실을 알 수 있습니다.

이번에는 이익률을 살펴봅시다(〈부문별 이익률〉 도표). 도표를 보면 소매업이 아닌 금융 및 부동산에서 더욱 큰 영업이익을 얻는다는 사실을 알 수 있습니다.

● 부문별 매출액

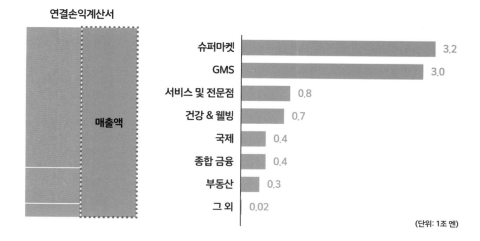

연결손익계산서

매출액

슈퍼마켓 3.2
GMS 3.0
서비스 및 전문점 0.8
건강 & 웰빙 0.7
국제 0.4
종합 금융 0.4
부동산 0.3
그 외 0.02

(단위: 1조 엔)

● 부문별 이익률

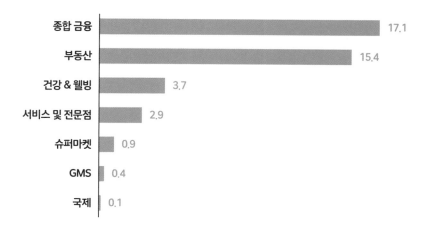

종합 금융 17.1
부동산 15.4
건강 & 웰빙 3.7
서비스 및 전문점 2.9
슈퍼마켓 0.9
GMS 0.4
국제 0.1

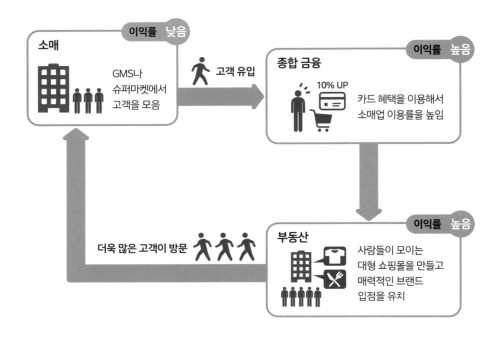

다각화기업인 이온의 비즈니스 모델은 도표 〈이온의 비즈니스 모델〉처럼 구성되어 있습니다. 하나씩 짚어볼까요?

우선 고객을 쉽게 끌어모을 수 있는 소매업부터 봅시다. 이온의 대표 업종은 슈퍼마켓과 GMS(종합 쇼핑몰)입니다. 고객 관점에서 소매업은 일상에서 자주 이용하기 때문에 중요도가 높습니다.

이때 고객이 이온의 금융 상품(신용카드 등)이나 부동산(이온 주변의 주택 임대 및 건축, 매매)을 이용하고 회원으로 가입한다고 합시다. 그러면 소매업종에서 상품을 구매할 때 5% 내외의 할인 혜택을 제시합니다. 이렇게 되면 이익률이 높은 금융과 부동산으로 고객이 유입되고, 그룹 전체적으로 이익을 극대화할 수 있습니다. 다만 소매업의 이익률은 낮아집니다.

참고로 금융 분야의 재무상태표는 규모가 상당히 커지는 경향이 있습니다. 돈을 굴려 이익을 얻기 위해서는 거액의 자금이 필요하기 때문입니다. 그러면 결과적으로 재무상태표가 커지게 됩니다.

[전자상거래]
재무상태표와 손익계산서 크기를 비교하자

재무상태표와 손익계산서를 함께 볼 때 보이는 것들

지금까지 재무상태표와 손익계산서를 따로 살펴보았습니다. 물론 개별적으로 분석하는 것도 중요하지만, 기업의 비즈니스 모델을 이해할 때는 두 표의 크기를 비교하는 일도 빼놓을 수 없습니다.

이번 장은 재무상태표와 손익계산서의 비교 문제입니다. 바로 누구나 잘 아는 대형 온라인 쇼핑몰인 라쿠텐과 아마존입니다. 그럼 살펴봅시다!

Q 다음 중 라쿠텐의 재무데이터는 어느 것일까요?

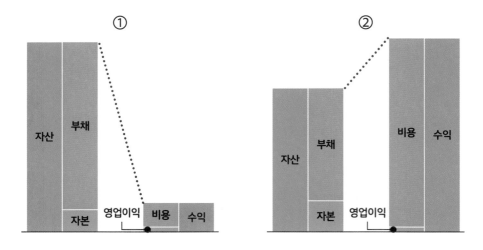

● **라쿠텐**(Rakuten)

일본 최대 온라인 쇼핑몰 '라쿠텐 시장'을 운영한다. 라쿠텐 카드나 라쿠텐 은행, 라쿠텐 모바일, 라쿠텐 증권 등 라쿠텐 브랜드로 다양한 서비스를 제공한다. 자사에서 직접 상품을 매입하지 않고 라쿠텐 시장에 입점한 업체들이 상품 매입에서 발송까지 알아서 진행한다.

● **아마존**(Amazon)

전 세계를 대상으로 하는 온라인 쇼핑몰 '아마존'을 운영한다. 고객 지상주의를 내걸고 편의성을 높여 급격하게 성장했다. 주로 자사에서 재고를 매입하여 직접 발송하며, 아마존프라임(Amazon Prime) 멤버십을 통해 빠른 배송을 하거나 음악, 영화 등 구독 서비스도 제공하는 등 고객 확보에 힘을 쏟고 있다.

사전 정보

 두 회사는 모두 대형 온라인 쇼핑몰입니다. 이용자 측면에서는 비슷한 기업이라고 생각하기 쉽지만, 사업 구조는 큰 차이가 있습니다. 그 점을 미리 기억해두세요.

● **아마존 비즈니스 모델** ··

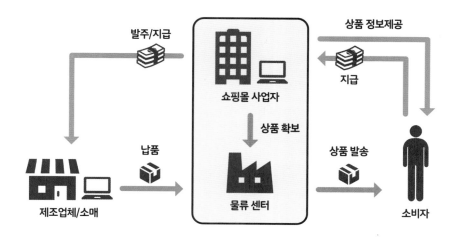

먼저 아마존을 봅시다. 〈아마존 비즈니스 모델〉 도표에서 보듯이 아마존은 자사에 창고가 있습니다. 제조업체로부터 직접 상품을 매입하여 소비자에게 배송합니다.

● **라쿠텐 비즈니스 모델**

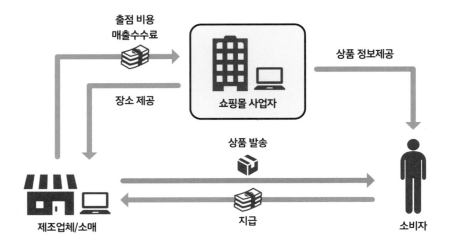

 다음은 라쿠텐입니다. 〈라쿠텐 비즈니스 모델〉 도표를 보면, 라쿠텐은 아마존과 달리 '라쿠텐 마켓'이라는 온라인 쇼핑몰에 가상 공간을 만들고, 소매업자들이 물건을 판매하는 장소를 제공합니다. 다시 말해 자사가 직접 상품을 보유하지는 않으며, 판매자로부터 받은 수수료가 매출입니다.

물론 아마존에도 라쿠텐처럼 '마켓플레이스'라고 해서 판매자가 직접 아마존에 상품 정보를 등록하고, 배송도 판매자가 책임지는 판매 방식이 있습니다. 라쿠텐도 '라쿠텐24'라고 해서, 직접 상품을 매입하고 소비자에게 발송하기도 합니다. 다만 전체 중에서 차지하는 비중이 작으므로, 이 문제에서는 주요 사업 모델만 떠올리면 됩니다.

잘 알겠어요. 아마존은 창고가 있으니까 자산이 클 것 같아요. 그러니까 ① 번 아닐까요?

라쿠텐은 온라인에 쇼핑몰을 만들었으니 딱히 큰 자산은 필요 없을 것 같아요. 상품도 대부분 직접 보유하지 않기도 하고요.

①번이 아마존이고 ②번이 라쿠텐일 것 같다는 얘기죠? 참고로 아마존과 라쿠텐 중에서 어느 쪽이 매출을 올리기 쉬울까요?

음…. 창고 운영 방식인 아마존은 상품을 매입해서 팔고, 쇼핑몰 방식인 라쿠텐은 상품을 매입하지 않는 대신 수수료 수입을 얻는다는 거네요. 라쿠텐이 이익률은 높겠지만 매출은 내기 힘들 것 같아요.

지금까지 소매업은 매출액이 커지기 쉽다는 이야기가 여러 번 나왔죠. 아마존도 100엔짜리 상품을 팔았다고, 이익도 100엔은 아니겠네요. 그러니까 손익계산서 규모도 커질 것 같고요. 반대로 라쿠텐은 판매 수수료가 5%라면, 100엔짜리 상품이 팔려도 매출은 5엔밖에 되지 않을 거고요.

그렇네요. 손익계산서가 커지기 쉬운 건 아마존이네요. 하지만 만약 ①번이 아마존이라면, 매출액이 큰데도 재무상태표와 손익계산서가 이렇게까지 차이가 날까요?

그러고 보니 자산이 너무 큰 것 같기도 하네요.

자산이 크다고요? 아, 그러고 보니 라쿠텐은 금융업도 하고 있지 않나요? 라쿠텐 은행이라던가 라쿠텐 증권도 있고요.

맞아요! 금융업은 큰 자산이 필요하고, 재무상태표도 그만큼 커지기 쉽다고 이온 그룹을 다룰 때 들었어요.

그렇다면 금융업이 있으니 재무상태표가 크고, 수수료 비즈니스라서 손익계
산서는 비교적 작은 ①번이 라쿠텐이 아닐까요?

 정답! ①번이 라쿠텐입니다.

정답은 ①번
라쿠텐
→

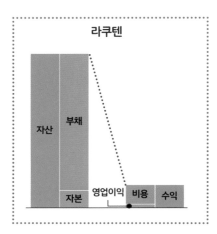

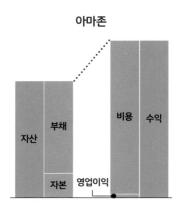

앞에서 처음에 소개한 대로 두 회사는 애초에 비즈니스 모델이 다릅니다. 아마
존과 라쿠텐의 비즈니스 모델을 다시 한번 정리하겠습니다.

먼저 아마존은 '창고 운영 방식'을 채택했습니다. 〈아마존 비즈니스 모델: 창고 운
영 방식〉 도표에서 보듯이, 자사에서 직접 상품을 매입하고 플랫폼을 통해 고객에
게 판매하는 모델입니다.

반면에 라쿠텐은 다음에 나오는 도표에서 보듯이 '쇼핑몰 방식'입니다. 판매 장소
만 제공하고 판매업체로부터 쇼핑몰 입점 수수료를 받습니다. 그래서 실제 상품 배
송과 지급에 관한 거래는 기본적으로 판매업체와 소비자 사이에서 직접 진행합니다.

● 아마존 비즈니스 모델: 창고 운영 방식

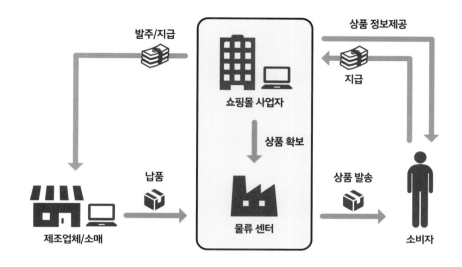

● 라쿠텐의 비즈니스 모델: 쇼핑몰 방식

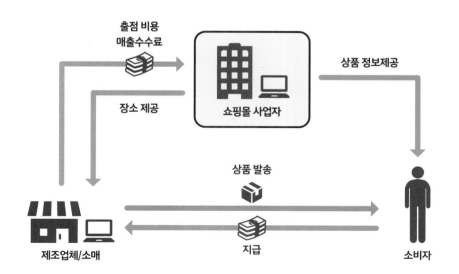

창고운영 방식이 자산 규모가 클 것으로 생각하기 쉽지만, 아까 대화에서 살펴보았듯이 라쿠텐은 은행이나 증권 같은 금융업도 함께 운영합니다. 재무상태표 대부분은 금융을 위한 자산과 부채가 점유하고 있습니다. 그래서 라쿠텐의 재무상태표 자산액이 훨씬 더 큽니다.

● 라쿠텐의 금융 관련 사업과 연결재무상태표 ··································

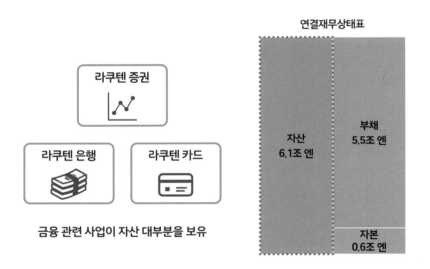

매출액의 차이를 살펴봅시다. 〈매출액 비교: 라쿠텐 vs 아마존〉 도표를 보면 쇼핑몰 방식은 플랫폼에서 거래되는 상품의 판매 수수료가 주요 수입원입니다. 그렇기 때문에 이익률은 높지만 매출액 자체는 크지 않은 것이 특징입니다. 한편 창고운영 방식은 상품 판매 수입이 중심이기 때문에 이익률은 낮지만, 매출액 규모는 커지기 쉽다는 특징이 있습니다.

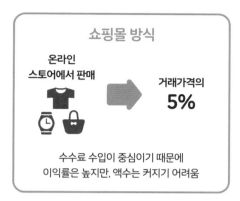

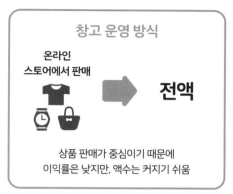

〈아마존 재무제표〉 도표를 보죠. 아마존 매출 중에는 아마존이 직배송하는 온라인 스토어 판매가 52.8%로 절반 이상입니다. 그렇기 때문에 매출액이 큽니다.

● 아마존 재무제표

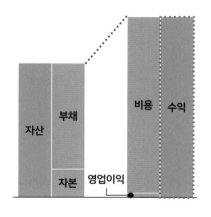

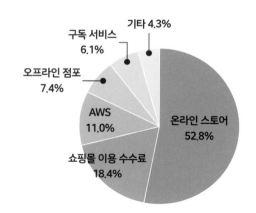

연결재무상태표

	December 31,	
	2017	2018
Gross property and equipment(1):		
Land and buildings	$ 23,896	$ 31,741
Equipment	42,244	54,591
Other assets	2,438	2,577
Construction in progress	4,078	6,861
Gross property and equipment	72,656	95,770
Total accumulated depreciation and amortization	23,790	33,973
Total property and equipment, net	$ 48,866	$ 61,797

현금 및 예금 등	매입채무
매출채권	기타유동부채
재고자산	
기타유동자산	장기차입금
유형자산	기타비유동부채
	자본
기타비유동자산	

**617억 달러를 넘는 비유동자산이 특징이며,
토지, 건물과 장치가 대부분**

〈아마존 유형자산〉 도표를 봅시다. 이를 살펴보면 아마존은 창고가 있어서 유형 자산의 비중이 큽니다. 도표에서 재무제표를 보면 아마존은 2018년 기준으로 617 억 달러가 넘는 비유동자산이 있다는 특징이 있습니다. 토지, 건물, 장치가 대부분 입니다.

앞에서 정리한 것을 살펴보면 창고 운영 방식보다는 쇼핑몰 방식이 이익률이 높

● 쇼핑몰 방식의 약점

물류 품질에 편차가 있다

익일 배송 배송 한 달

점포별로 물류를 담당하니
배송 품질 불안정

규모의 경제로 인한 메리트가 없다

대량 구매로 인한 할인

규모의 경제 미적용

이용자 편의성

여러 점포 구매시 배송 불편

습니다. 쇼핑몰 방식이 더 나은 사업 모델처럼 보이기도 합니다. 그런데도 왜 아마존은 창고 운영 방식을 유지하고 있을까요? 바로 쇼핑몰 방식에 약점이 있기 때문입니다. 다음은 쇼핑몰 방식의 약점을 정리한 것입니다.

• 물류 품질에 편차가 생긴다

→ 판매자가 직접 물품 발송까지 담당하므로 품질이 불안정하다.

• 규모의 경제가 작동하지 않는다

→ 대량 구매에 따른 할인을 받을 수 없다.

• 이용자의 편의성이 좋지 않다

→ 여러 점포에서 한꺼번에 사들이는 경우, 점포마다 배송비가 부과되어 배송료 합계가 커지는 불편함이 발생한다.

이렇듯 쇼핑몰 방식은 장기적으로 볼 때 창고 운영 방식보다 경쟁력이 떨어질 요소가 많습니다.

쇼핑몰 방식의 약점으로 인해 최근에는 창고 운영 방식이 더욱 주목을 받고 있습니다. 특히 아마존은 창고 운영 방식을 좀 더 강화하기 위해 연간 1조 엔씩 투자하고 있습니다. 〈아마존의 유형자산 투자 규모 비교〉 도표를 보시죠. 1조 엔이라는 금액은 물류망을 갖춘 야마토 홀딩스(일본 최대 택배업체-옮긴이), 혹은 항공 운송망을 갖춘 일본항공(JAL, 일본 최대 규모 항공사-옮긴이)의 유형자산을 1년 만에 갖출 수 있는 규모입니다. 이 정도로 어마어마한 금액을 투자하여 창고나 물류를 정비하는 데 힘을 쏟고 있는 것입니다.

● 아마존 유형자산 투자 규모 비교(1조 엔 기준) ··

야마토 홀딩스: 유형자산 내역

(단위: 100만 엔)

비유동자산		
유형자산		
건물 및 구축물	336,986	352,141
감가상각 누계액	△198,538	△204,191
건물 및 구축물(순익)	138,447	147,950
기계와 장치	65,522	70,201
감가상각 누계액	△43,686	△47,619
기계 및 장치(순익)	21,835	22,582
차량 운반구	197,587	208,031
감가상각누계액	△180,329	△183,835
차량 운반구 (순익)	17,257	24,195
토지	174,959	175,995
리스 자산	15,669	31,537
감가상각 누계액	△9,074	△9,531
리스 자산(순익)	6,595	22,006
건설 중인 자산	16,200	8,391
기타	91,421	89,347
감가상각누계액	△61,660	△61,551
기타(순액)	29,760	27,796
유형자산합계	405,057	428,918

유형자산 약 0.5조 엔

일본항공: 유형자산 내역

(단위: 100만 엔)

비유동자산			
유형자산			
건물 및 구축물(순액)		32,247	31,385
기계장비 및 운반구(순액)		10,718	11,800
항공기 (순액)	※4	704,134	※4 733,961
토지		864	861
건설 중인 자산		123,902	141,776
기타 (순액)		8,898	9,431
유형자산합계	※1	880,765	※1 929,216

유형자산 약 1조 엔

● 구매 의욕을 자극하는 플랫폼 일체화 ··

특가 타임 세일

수량 한정 세일

이벤트 세일

창고 운영 방식의 또 다른 장점이 있습니다. 타임세일 등을 활용해 플랫폼 전체에 구매 욕구를 자극하는 구조를 구축할 수 있다는 것입니다. 그러면 특가 타임 세일, 수량 한정 세일, 이벤트 세일 같은 각종 세일을 이용해 재고로 쌓인 상품을 털 수 있도록 빠르게 준비할 수 있습니다. 그렇게 하면 재고자산 회전기간을 단축하는 데도 공헌하게 됩니다.

참고로 아마존은 사용자가 상품 페이지에 얼마나 오래 머물렀는지 계산해서 사용자가 해당 상품을 살 가능성이 있는지 판단하는, 예상 배송 시스템 특허를 2013년 12월에 취득했습니다. 만약 사용자가 구매할 가능성이 크다면 주문도 하기 전에 사용자 근처에 있는 배송센터까지 물건을 미리 배송해서, 실제 배송까지 걸리는 시간을 단축한다는 엄청난 특허입니다. 아마존은 이러한 데이터를 쌓아서 짧은 재고 회전율을 실현하고 있습니다.

Column 4

일상 속, 사소하지만 중요한 발견

회계로 생각하는 시각을 키우면 세상이 다르게 보입니다. 마찬가지로 재무제표를 볼 수 있게 되면 주변 사물이나 서비스에 대한 시각이 달라집니다. 어떻게 바뀌는지 테이크아웃 커피를 예로 들어보겠습니다.

지금까지 커피는 카페나 커피 전문점에서 마시는 것이 일반적이었습니다. 그렇지만 최근 편의점에서 질 높은 커피를 저렴하게 제공하기 시작하면서 시장 구조가 크게 바뀌었습니다.

여러분은 일본의 세븐카페를 아시나요? 세븐카페란 편의점 세븐일레븐에서 100엔 대의 가격에 맛있는 커피를 구매할 수 있는 서비스입니다. 지금은 연간 약 10억 잔 이상이 팔린다고 합니다.

카페의 대표격이라고도 할 수 있는 스타벅스와 세븐카페의 차이는 무엇일까요? 커피 원두의 원가가 다르거나 매장 면적도 당연히 다를 겁니다. 저는 무엇보다 두 회사가 똑같이 뜨거운 커피를 판매하는데도, 홀더(골판지 소재로 된 단열재)를 제공하는지에 차이가 있다는 사실에 주목했습니다.

세븐카페 이미지

스타벅스 이미지

스타벅스는 뜨거운 커피를 테이크아웃할 때 종이컵에 홀더를 끼워서 고객이 편하게 마실 수 있도록 합니다. 반면에 세븐일레븐에서는 이러한 홀더를 주지 않습니다. 다만 두께가 두껍고 겉면에 살짝 요철이 있는 단열성 컵을 사용해서 홀더가 없어도 크게 뜨겁지 않습니다.

만약 홀더의 원가가 높다면 분명 재무제표에도 영향이 있지 않을까 싶었습니다. 그래서 홀더 가격이 얼마인지 알아보았습니다.

기업이 사용하는 단열재는 도매가격으로 들여올 테니 실제로는 좀 더 저렴할 겁니다. 그래도 아마존에서 확인해본 결과, 단열재는 100매당 660엔 정도에 판매됩니다. 1장에 약 6.6엔입니다.

만약 연간 커피 판매량 중 절반이 뜨거운 커피라면, '5억 장×6.6엔=33억 엔'에 달하는 원가가 증가한다고 추측할 수 있습니다. 생각보다 큰 금액이네요.

이런 관점에 익숙해지면 일상에서 별 것 아닌 발견들이 회사의 재무제표에 얼마나 큰 영향을 주는지 생각해보는 계기가 됩니다. 주변을 둘러보고 호기심이 발동한다면 한 번 더 회계 시점에서 찾아보세요.

앞으로 회계를 시작할 분들에게

지금은 "누구나 재무제표를 읽을 수 있는 세상을 만들자"라는 비전을 갖고 회계 퀴즈를 운영하고 있지만, 처음 시작할 당시만 해도 전산회계 자격을 취득했거나 공인회계사 시험에 합격한 사람들이 대상이었습니다. 이 책의 첫머리에서도 이야기했듯, 저도 공인회계사 시험에 합격했는데도 재무제표를 전혀 읽지 못했습니다. 그래서 저처럼 시험은 붙었어도 재무제표가 눈에 들어오지 않아서 고민하는 사람들이 많지 않을까 싶었습니다.

처음 냈던 문제는 재무제표를 서로 비교하거나, 시간에 따라 재무지표가 어떻게 변화하는지 파악하는 식으로 이미 회계를 어느 정도 공부한 사람들이 도전하는 수준이었습니다. 하지만 재무제표는 보는 사람의 직업이나 경험, 지식은 물론 업계에 따라 완전히 다르게 해석할 수 있다는 사실을 깨닫게 되었습니다. 그러다가 더 많은 사람이 참여하면 좋겠다고 생각을 했습니다.

회계를 잘 아는 사람들만 참여하다 보면 답을 내는 과정이 비슷해지다 보니, 퀴즈를 함께 풀면서 얻는 시너지를 크게 만들기 어려웠기 때문입니다. 그래서 회계를 전혀 모르는 사람들을 대상으로 참여자를 늘리기로 했습니다.

하지만 전혀 쉽지 않았습니다. 참여자 폭을 넓히는 일은 생각보다 장벽이 높았고, 시작부터 여러 과제에 부딪혔습니다. 특히 회계를 전혀 모르는 사람들의 참여를 어떻게 유도할지가 가장 고민이었지요. 회계는커녕 재무제표를 전혀 모르는 사람들과 어느 정도 기초 지식이 있는 사람들의 차이를 어떻게 메우면 좋을지 꽤 오랜 시간 생각했습니다. 그렇게 고민을 거듭한 결과, 차이를 좁히면서도 같은 문제를 풀 수 있도록 트위터 같은 SNS에 회계 퀴즈를 올리기 시작했습니다.

먼저 실제 재무제표 수치를 간략하게 정리한 후 그림으로 표현해서, 회계를 전혀 몰라도 누구나 표를 쉽게 보면서 참가할 수 있도록 했습니다. 그 결과 초보자가 생각할 변수가 줄어들어 심리적 장벽이 줄어들었습니다. 한편 회계를 어느 정도 공부한 사람이 보기에는 제한된 정보만 갖고 정답을 생각해야 해서 난이도가 유지되었습니다. 결과적으로 두 그룹 간의 격차가 줄어들어서 더욱 많은 사람들이 퀴즈에 참여할 수 있었습니다.

그림으로 표현한 회계 퀴즈를 트위터처럼 누구나 자유롭게 이야기할 수 있는 플랫폼에 올렸더니, 순식간에 천여 명이 넘는 사람들의 다양한 시각과 배경 지식이 쌓였습니다. 트위터는 참가자들이 낸 의견 중에서도 배울만한 내용을 클릭 한 번으로 간단하게 공유할 수 있습니다. 그래서 퀴즈를 내는 사람은 물론, 참가자도 다른 사람들의 댓글을 보며 함께 지식을 나눌 수 있습니다.

퀴즈를 내면서 예상 정답과 해설을 준비하지만, 댓글 중에는 제가 준비한 해설보다 더 날카로운 해설도 많아서 제 자신도 무척 큰 도움을 받습니다. 이 과정에서 처음 의도한 대로 "다양한 백그라운드에 있는 사람들의 의견을 얻는다"라는 개인적인 목표도 달성했습니다. 무엇보다도 회계 퀴즈 덕분에 본격적으로 회계 공부를 시작했다거나, 지금까지 몇 번이고 좌절했던 회계를 다시 재미있게 익히고 있다는 사람들의 목소리를 들을 때 가장 기뻤습니다.

이러한 활동 덕분에 평범한 일상에서는 만날 기회가 없던 사람들과도 인연이 닿았습니다. 혼자서만 공부했다면 무슨 일이든 쉽게 질리는 편인 제가 지금껏 회계 퀴즈를 계속 이끌어오지는 못했을 겁니다. 참가자분들이 늘 재미있는 문제를 기대한다는 따뜻한 목소리를 보내주실 때야말로 정말 즐겁고 기뻤습니다. 그 덕분에 여기까지 왔다고 생각합니다.

회계 퀴즈는 문제를 내는 사람뿐만 아니라, 참가자들이 모일 때 비로소 하나의 콘텐츠로 완성됩니다. 이번에 책을 내면서 가장 신경 쓴 부분은 '회계 퀴즈의 세계관을 어떻게 하면 잘 전달할까' 하는 점이었습니다. 그래서 다양한 배경 지식을 지닌 참가자들이 서로 대화하면서 퀴즈를 풀고, 정답까지 이르는 과정에서 공부할 수 있도록 구성했습니다.

이 책의 기획과 제작을 위해 수많은 분이 도와주셨습니다. 카도카와 출판사에서 편집을 맡아 주신 구로다 씨, 일러스트를 담당해 주신 와카루 씨, 복잡한 요소가 가득한 책을 멋진 디자인으로 만들어주신 호소야마다 디자인 사무소의 가시와구라 씨, 세세한 교정을 신경 써 주신 교정 담당자, 믿음직스럽게 정확한 조판을 담당해주신 포레스트 씨, 수많은 그림을 아름답게 작성해주신 오키모토 씨, 일상에서 절치부심하는 퍼펙트 코드길드 구성원 여러분, 마케팅 트레이스 여러분, 트위터에서 늘 회계 퀴즈에 참가해주시는 분들, 그리고 제가 소속된 조직 중에서 가장 최고의 커뮤니티인 파이낸스 랩 여러분, 이 자리를 빌려서 감사인사를 드립니다.

2020년 3월